国道珍ギャラリー

温見峠にある、道路の上を川が流れる洗い越し（福井県大野市、30ページ参照）

暗峠の大阪側には路面にタイヤホイール跡が見られる急坂、急カーブがある（大阪府東大阪市、36ページ参照）

通るのをためらう“酷”道

十部一峠の未舗装区間には水たまりがある（山形県寒河江市、42ページ参照）

一度では曲がることができない「百井別れ」（京都府京都市、66ページ参照）

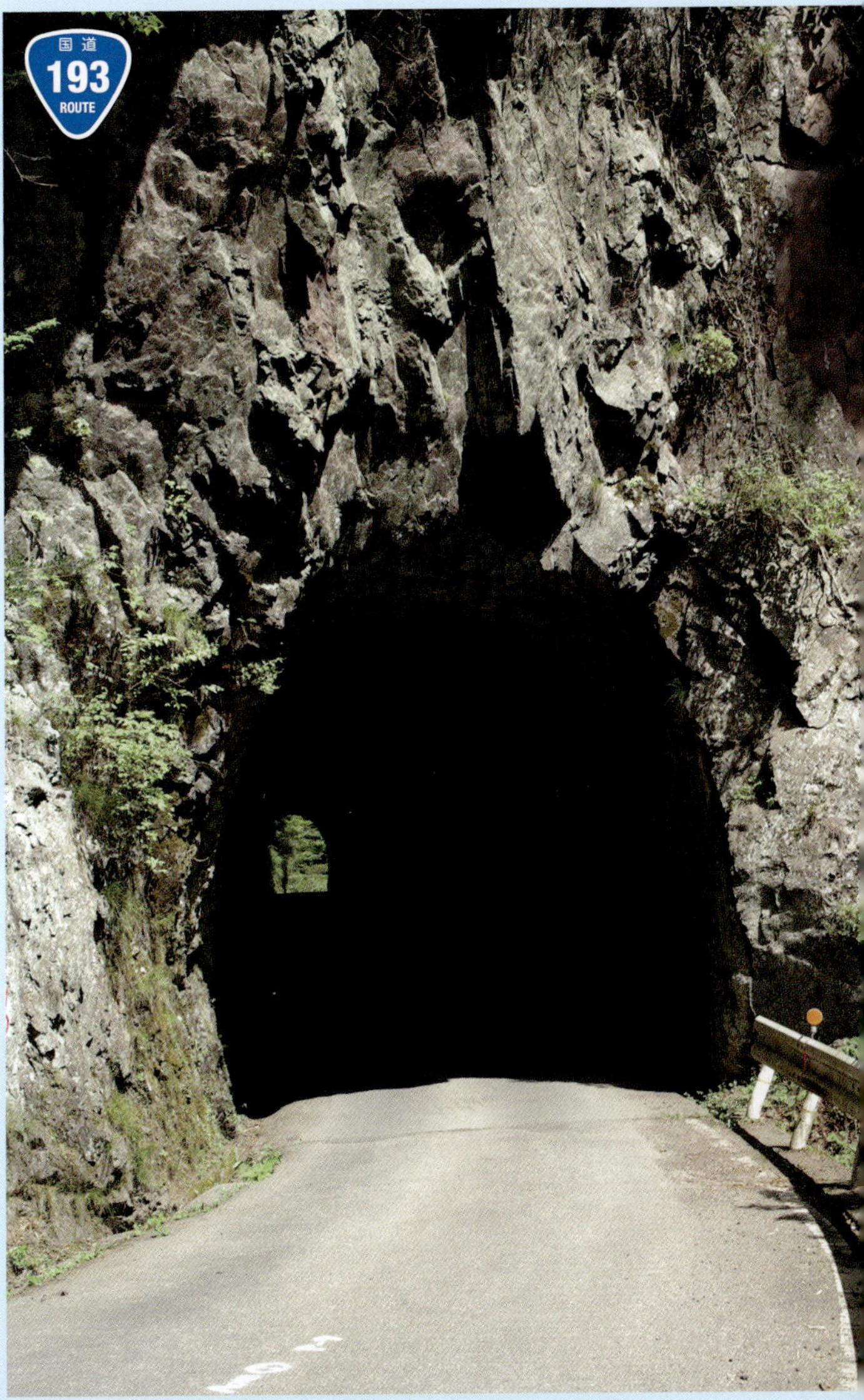

車で通るには勇気が必要な、素掘りの大釜隧道（徳島県那賀町、60ページ参照）

珍しい標識の数々

アマミノクロウサギ飛び出し注意の標識（鹿児島県奄美市、172ページ参照）

ヤンバルクイナとび出し注意の標識（沖縄県国頭村、172ページ参照）

折れ曲がった国道標識（福井県大野市、2017年8月時点、30ページ参照）

国道マニアの間で有名な「落ちたら死ぬ!!」看板（福井県大野市、30ページ参照）

最短国道を示す標識（兵庫県神戸市、92ページ参照）

面白オンリーワン国道①

観光地として人気の階段国道（青森県外ヶ浜町、160ページ参照）

暗峠の石畳が敷かれた道路（奈良県生駒市、36ページ参照）

関門海底トンネル内にある山口県と福岡県の県境（80ページ参照）

関門海底トンネル内には国道標識が取りつけられている（80ページ参照）

面白オンリーワン国道②

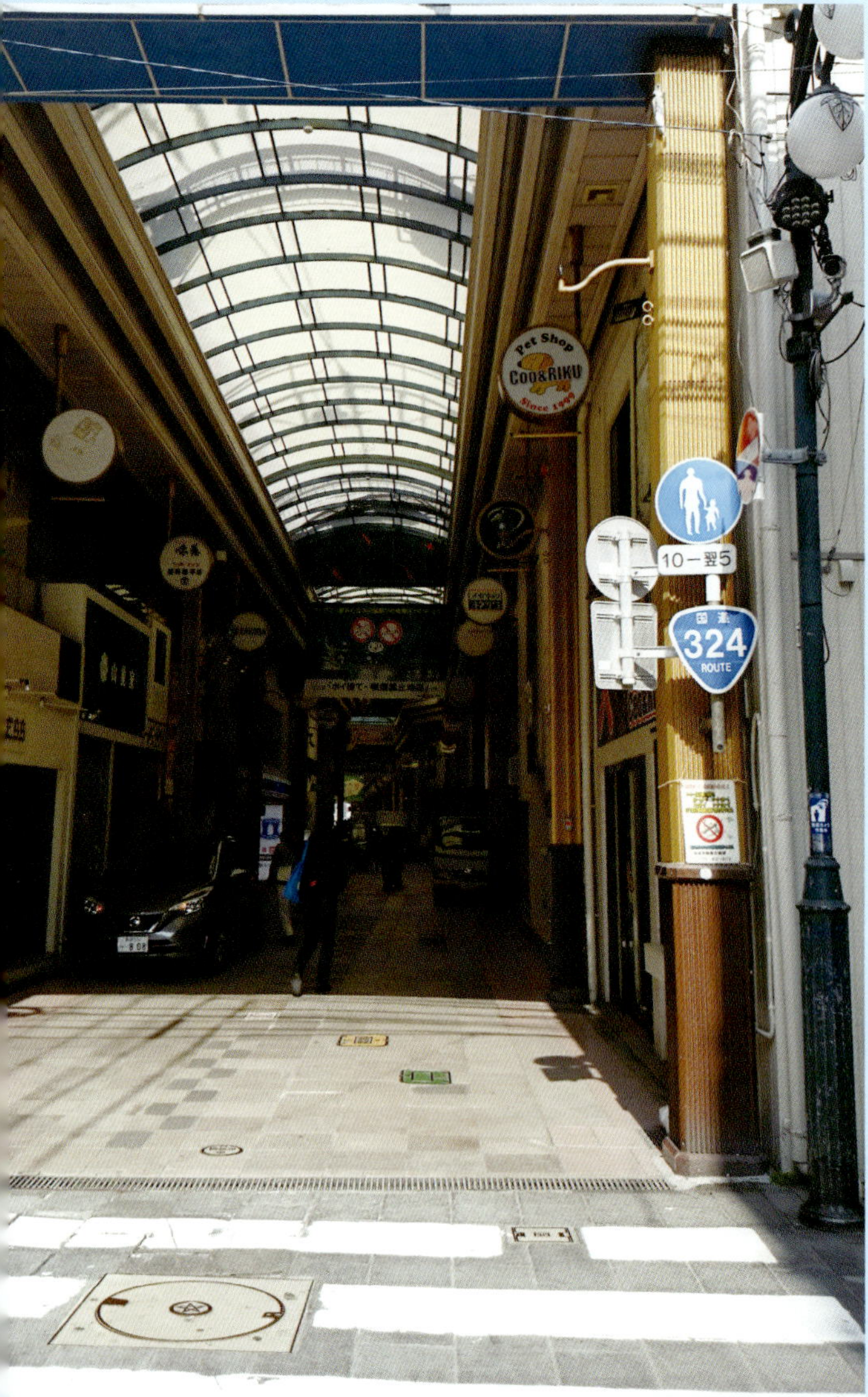

入り口に国道標識がある浜町アーケード（長崎県長崎市、74ページ参照）

国道の謎

思わず訪ねてみたくなる「酷道・珍道」大全

風来堂 編

イースト新書Q

Q045

はじめに　知れば知るほど謎だらけの国道の実態

生まれてこのかた、国道を一度も通ったことがないという人は、ほとんどいないだろう。〝おにぎり〟のような青い逆三角形に数字が記された標識も、誰もが日々目にしているはずだ。全国津々浦々まで、国道は張りめぐらされている。

現在、国道は459路線存在するが、その中には「これが本当に国道!?」と思う道も少なくない。

たとえば、道路の上を川が流れていたり、未舗装の悪路が続いていたり、エレベーターが国道になっていたり、商店街や石畳を突っ切っていたり。過去には、渡し船やトイレが国〝道〟として指定されていた路線もあった。県道や市区町村道より整備が行き届いた立派な道路ばかり、というわけではないのだ。

陸上だけではない。たとえ道路自体は途切れていても、地図上では点線でつながれた峠道や海上もまた、れっきとした国道の一部となっていることもある。

新たな国道が誕生する経緯も千差万別。地元の政治家や住民団体の意向や運動によって、意外なルートが選択されたりもする。また、国道は一度指定されたら、その後はずっと変わらないのかと思いきやさにあらず。交通事情や時代の変化に応じて、ルートは随時変更される。

たとえば、国道**1号**といえば、誰もが東京と大阪を結んでいる、と答えるはず。日本の2大都市を結ぶのが**1号**としてふさわしいと思える。だが、実は、そうなったのは戦後の1952（昭和27）年のこと。起点は東京都中央区《ちゅうおうく》日本橋《にほんばし》と変わらないが、それ以前の終点は、実は大阪ではなかった。

各国道に振られた番号もまた、実は不変ではない。ルートはそのままに、番号だけが変わったり、それに伴って欠番が生じたり。その欠番が新たに別のルートに振られることもあった。

無味乾燥な番号で管理され、一見なんの変哲もないように見える国道。だが、実はその裏側にはさまざまな謎がひそんでいるのだ。

日常的に縁のある国道から、見知らぬ土地のそれまで。本書を読めば、国道を通じて日本再発見ができるはずだ。

風来堂《ふうらいどう》

国道の謎●目次

第2章 なぜこんなところが⁉ 「珍国道」列伝

第3章 歴史を知ると面白い！「レジェンド国道」列伝

第4章 地図上でつながらない！「海上・点線国道」列伝

第5章 消えた理由は千差万別！「幻の国道」列伝

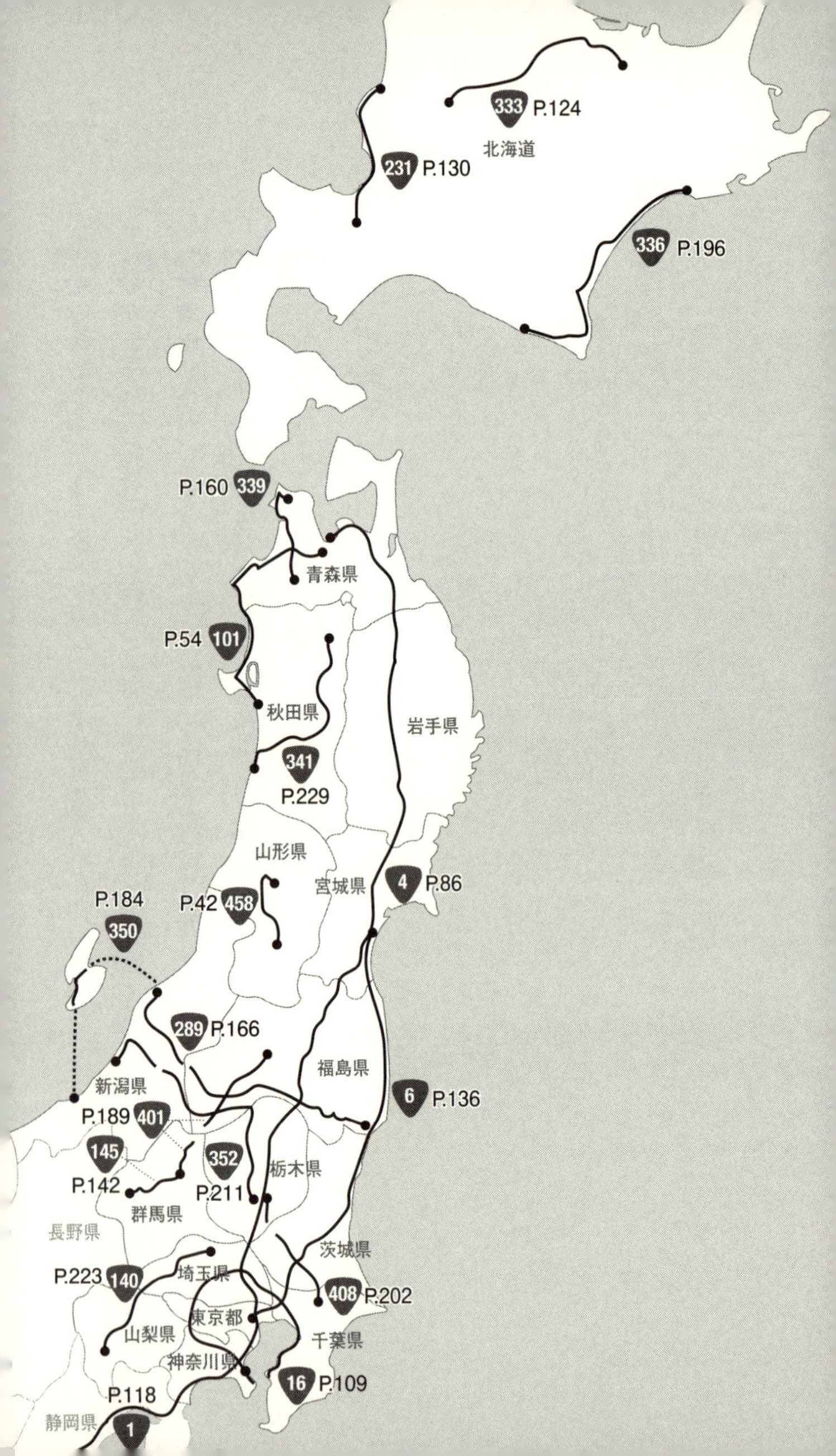

333 P.124
北海道
231 P.130
336 P.196
P.160 339
青森県
P.54 101
秋田県
岩手県
341
P.229
山形県
宮城県
4 P.86
P.184
350
P.42 458
289 P.166
福島県
新潟県
6 P.136
P.189 401
145
352
栃木県
P.142
P.211
群馬県
長野県
茨城県
P.223 140
埼玉県
408 P.202
東京都
山梨県
千葉県
神奈川県
16 P.109
P.118
静岡県
1

本書で紹介する国道① 東日本

福島県
新潟県
栃木県
富山県
群馬県
茨城県
長野県
埼玉県
東京都
千葉県
山梨県
P.178
152
神奈川県
愛知県
静岡県
1
P.118
23
P.147

本書で紹介する国道② 中日本

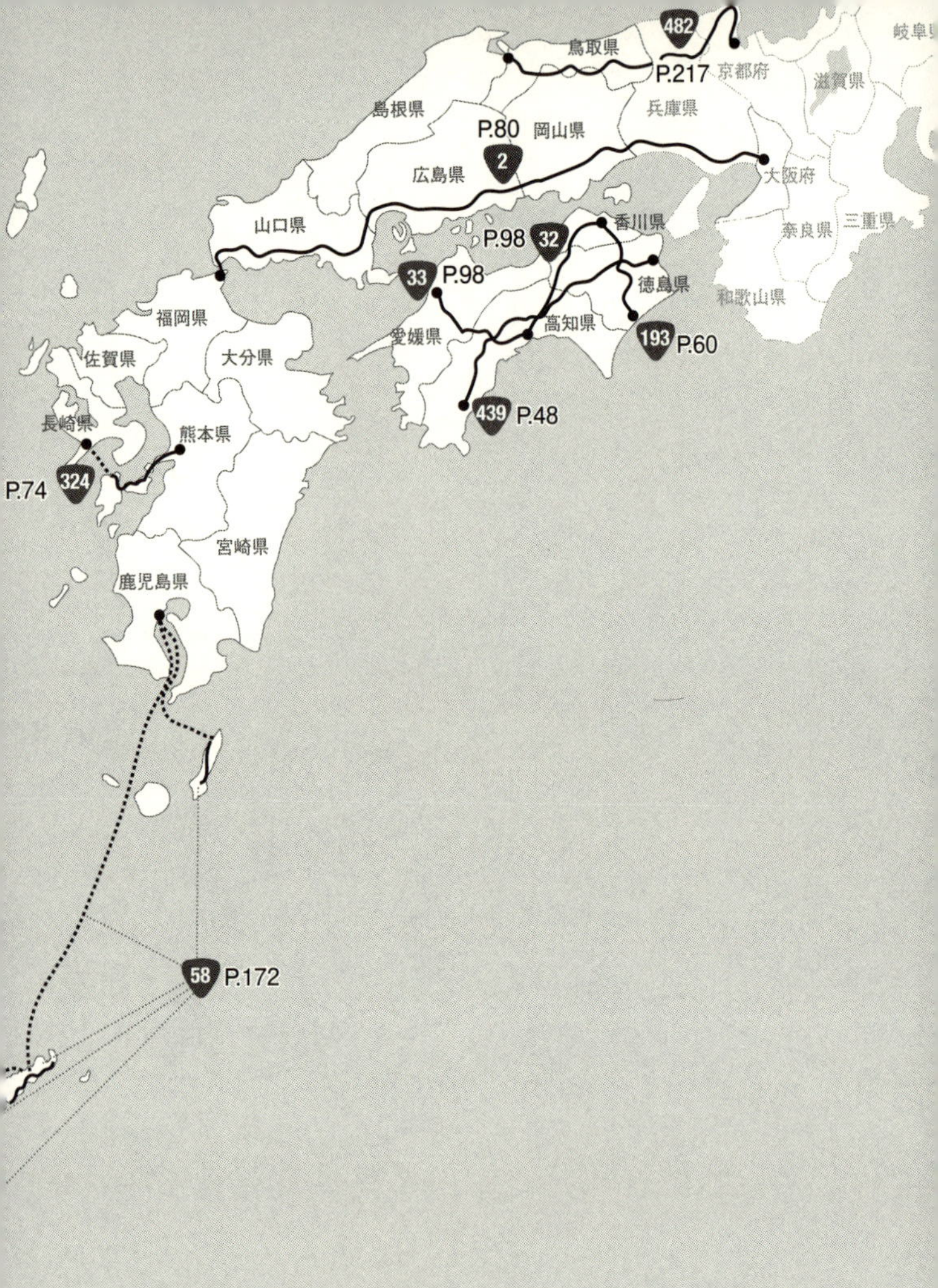

482
鳥取県
P.217
京都府
岐阜県
滋賀県
島根県
兵庫県
P.80
岡山県
2
広島県
大阪府
山口県
香川県
P.98
32
奈良県
三重県
33
P.98
徳島県
和歌山県
福岡県
高知県
愛媛県
193
P.60
佐賀県
大分県
439
P.48
長崎県
熊本県
P.74
324
宮崎県
鹿児島県
58
P.172

本書で紹介する国道③ 西日本

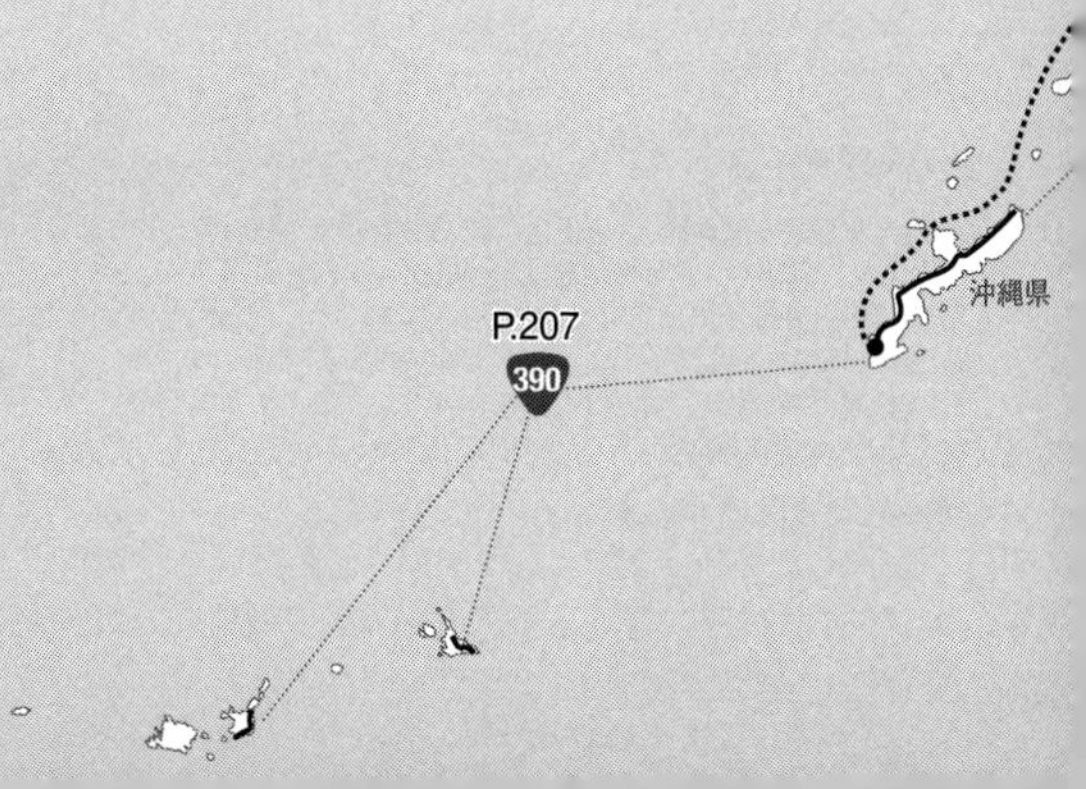

カバー写真解説

左上:川が道路に流れる「洗い越し」区間(30ページ参照)
左中央:たった187.1mしかない最短国道(92ページ参照)
左下:長崎県長崎市の浜町商店街を通る324号(74ページ参照、撮影・浜市商店連合会)
右上:観光地として人気の「階段国道」(160ページ参照)
右中央:関門海底トンネル内も国道指定されている(80ページ参照)
右下:あまりの急勾配に走行には勇気がいる暗峠(36ページ参照)

特記以外は撮影・小林秀樹。

プロローグ

これだけは知っておきたい！国道の基礎知識

近現代史とともに歩んできた、日本の国道の誕生と変遷

日本で初の国道が誕生したのは、推古《すいこ》天皇が唐《とう》の律令《りつりょう》制度を見本に中央集権体制を整えていく飛鳥《あすか》時代といわれている。

この時代に国道が整備されていったのは、小野妹子《おののいもこ》などの遣隋使《けんずいし》が古代中国の隋に渡って交流が盛んに行われていった際、隋からの使節団を迎えるために、道路網の整備が重要視されたからと考えられている。

国道を「国が管理する道路」と定義するなら、日本最古の国道は竹内《たけのうち》街道といわれる。竹内街道は現在の大阪府堺《さかい》市〜奈良県葛城《かつらぎ》市間を指し、現存する国道でいえば**166号**（152ページ参照）がその部分になる。

畿内《きない》から関東に権力が移った鎌倉《かまくら》時代には、鎌倉幕府から各地につながる「鎌倉街道」という軍事道路が整備されていく。

江戸《えど》時代には五街道《ごかいどう》の整備が進められていくことになる。五街道は現在の東京・日本橋を起点に伸びる東海道《とうかいどう》、中山道《なかせんどう》、日光《にっこう》街道、奥州《おうしゅう》街道、甲州《こうしゅう》街道にあたる道路で、現在

の国道の中には五街道を踏襲しているルートもある。

たとえば、**1号**（東京都中央区～大阪府大阪市、118ページ参照）は東海道、**4号**（東京都中央区～青森県青森市、86ページ参照）は奥州街道、**20号**（東京都中央区～長野県塩尻市《しおじり》）は甲州街道などにあたる。

明治維新を経て「街道」から「国道」の時代へ

現在の国道に通じる制度が整ったのは明治時代。1876（明治9）年に公布された太政官達《だじょうかんたっし》60号によって初めて国道指定が行われる。

そして、1885（明治18）年に公布された「国道表《こくどうひょう》」で初めて号数がつけられる。つまり、「国道○号」の表示は明治時代が始まりなのだ。

さらに国道だけでなく、県道《けんどう》や里道《りどう》なども定められていく。今の国道ルールに通じる都道府県道、市区町村道に相当する制度も見られる。

このときに指定された国道は「明治国道」と呼ばれ、一度に44の路線が指定された（250ページ参照）。また、起点のほとんどが東京への一極集中であることから、中央集権的な意味合いがある。

さらに、明治国道には等級制が使用され、一等、二等、三等の等級がつけられていったのである。

一等は東京と各開港場（外国との貿易に使用される港）までを結び、二等は陸軍の司令部として使われていた各鎮台《ちんだい》（明治初期の常備陸軍）、三等は各県庁所在地並びに各府（東京、大阪、京都）、各鎮台を連絡する道路と定めていた。

また、このころからローラーで道路を固めるという簡単な舗装工事が行われ始める。江戸時代までは未舗装の土の道であり、移動は徒歩や馬が主流だったことと比べると、明治の道路事情が発展していったのがうかがえる。しかし、このころ鉄道優先の交通政策がとられていたため、道路の整備は後回しにされていたのが実情である。

1919（大正8）年に公布された旧道路法では、明治期に指定された国道は撤廃となり、「大正国道」として新たに64の路線が指定される（251ページ参照）。

そのほかに軍港や軍事基地に延びる軍事的意味合いが強い路線として「軍事国道」と呼ばれるものがあった。現在、国道がない小笠原《おがさわら》諸島にも軍事的要衝だったために「(特)国道」が通っていたほどである。当初は26路線しかなかった軍事国道も、最終的には41路線まで追加指定されていった。

戦後にGHQの指導のもとで、現在の国道システムができあがる

現在の国道制度が確立した新道路法が発表されたのは、終戦から7年が経過した1952（昭和27）年のことだ。この法案により、大正までの軍事的意味合いが強かった道路法の基準が変わり、社会の発展とリンクしたかたちで道路整備が進められていく。国道だけではなく、都道府県道、市町村道も指定されていき、現在の国道のかたちへと近づいていく。

終戦後、日本に進駐してきたGHQ（連合国軍最高司令官総司令部）により、道路整備が行われ始める。GHQは戦争の影響で荒廃した道路の整備を最優先と考えていた。そこで、1948（昭和23）年に「道路及び街路網の維持修繕五カ年計画」を日本政府に提案する。そこから日本政府は主要道路の整備を進めていくことになる。

重要度によって番号を分け、等級制に

新道路法では国道がランク分けされ、「一級国道」なるものが生まれる。

一級国道とは〈国土を縦断し、横断し、又は循環して全国的な幹線道路網の枢要部分を構成し、且《か》つ、都道府県庁所在地（北海道にあっては、支庁所在地）その他政治・経済・文化上特に重要な都市を連絡する道路〉（道路法第5条、当時）で経済、文化的に重要な都市を結ぶ道路と位置づけられた。

1952（昭和27）年に一級国道の**1～40号**の番号が指定された。大正国道の時代は東京起点のものがほとんどであったが、一級国道では各都市同士が起点、終点となる路線が誕生し、明治～大正時代の国道とは異なり、全国的にネットワークが形成されていった。

翌1953（昭和28）年には「二級国道」が144路線指定された。二級国道は一級国道と重要都市を結ぶといった一級国道の補助的役割を担っていた。二級国道に指定された路線は**101～244号**で、3桁の国道番号が割り当てられた。

二級国道では、国道番号のあとに路線名がつけられていた。たとえば、「国道**101号**青森能代《のしろ》線」「国道**246号**東京沼津《ぬまづ》線」といった具合だった。

その後、国道に指定される道路が続々生まれた。交通量の変化や都市の発展により、二級国道のなかで一級国道をしのぐ重要な路線が出てきたことにより、一級国道に昇格するものが出てきた。とくに1959（昭和34）～1963（昭和38）年に17本もの二級国道が一級国道に昇格していった。二級国道から一級国道に昇格した番号は、新しく埋め合わせられるものもあったが、そのまま欠番となったものもある（72ページ参照）。

それゆえ、1965（昭和40）年に「一級国道」「二級国道」が撤廃され、「一般国道」と総称されることになった。旧一級国道は国が直接管理する「指定区間」になり、旧二級国道の大半が「補助区間」に認定されていった。

1970（昭和45）年には一般国道として初の路線追加が行われた。1972（昭和47）年の沖縄返還に伴い、沖縄初の国道も誕生することになる。

その後、1975（昭和50）年、1982（昭和57）年、1993（平成5）年と、3回にわたる一般国道の追加指定により、現在の国道の本数になっていった。

459本ある国道は、どのように定められ、その全路線を管理しているのは誰か

ここまで、国道の歴史を振り返ってきたが、そもそもどうすれば国道に指定されるのだろうか。

車が通れる道路を前提として、何㎞以上の長さがなければならない、舗装がされている道路、というような基準を持つものなのだろうか。

通る場所より起点と終点が重要

まず、国道には二種類あり、高速自動車国道（いわゆる高速道路）と一般国道があるが、本書で説明しているのは一般国道についてである。一般的に、国道について話す際は、一般国道を指すのがほとんどである。

ひと口に国道といっても舗装された走りやすい道路だけが国道に指定されているわけではないのだ。

たとえば、**339号**（160ページ参照）では国道の途中が階段になっており、「階段国

道」として親しまれている。もちろん車で走行することはできない。

さらに、**170号**、**324号**（74ページ参照）ではアーケード商店街を突っ切って進まなければならない道がある。はたまた、海上の航路が国道に指定される場合もあるのだ。

では、その一般国道は、どのような定義で決まっているのか。それは、道路法第5条に定められている。

第五条　第三条第二号の一般国道（以下「国道」という。）とは、高速自動車国道と併せて全国的な幹線道路網を構成し、かつ、次の各号のいずれかに該当する道路で、政令でその路線を指定したものをいう。
一　国土を縦断し、横断し、又は循環して、都道府県庁所在地（北海道の支庁所在地を含む。）その他政治上、経済上又は文化上特に重要な都市（以下「重要都市」という。）を連絡する道路
二　重要都市又は人口十万以上の市と高速自動車国道又は前号に規定する国道とを連絡する道路

三　二以上の市を連絡して高速自動車国道又は第一号に規定する国道に達する道路
四　港湾法（昭和二十五年法律第二百十八号）第二条第二項に規定する国際戦略港湾若《も》しくは国際拠点港湾若しくは同法附則第二項に規定する港湾、重要な飛行場又は国際観光上重要な地と高速自動車国道又は第一号に規定する国道とを連絡する道路
五　国土の総合的な開発又は利用上特別の建設又は整備を必要とする都市と高速自動車国道又は第一号に規定する国道とを連絡する道路

要約、簡略化すると、重要な都市間、港湾や空港、高速道路を結ぶ道路を国道と定義しているのだ。さらに、そういった道路と都市の間を結ぶ道路も国道と指定されている。ゆえに、車が通れる道路でなくても、階段や登山道、海上を通る道路も、前記の基準にもとづいていれば国道と定められるのだ。そのように指定された国道は**1～507号**で、歴史的経緯から欠番になったものもあり、合計で459本の路線がある。

1993（平成5）年に**507号**まで指定されて以降は追加指定は行われていない。この時点で全国津々浦々に国道の道路網は行きわたり、これ以上、国道指定する場所はないそうだ。それゆえ、今後は国道が増える可能性は低い。

国道の歴史年表

年	概要
1876（明治9）年	太政官達60号公布により、日本初の国道制度が誕生
1885（明治18）年	「国道表」が公布され、国道に号数がつけられる
1918（大正7）年	旧道路法によって明治国道は撤廃され、新たに64の路線が国道指定される
1948（昭和23）年	GHQが日本政府に「道路及び街路網の維持修繕五カ年計画」を提案する
1952（昭和27）年	新道路法の公布により、国道が一級と二級に分類され、一級国道1〜40号が指定される
1953（昭和28）年	二級国道101〜244号が指定される
1956（昭和31）年	二級国道245〜251号が追加指定される
1959（昭和34）年	一級国道41〜43号が追加指定される
1963（昭和38）年	一級国道44〜57号と二級国道252〜271号が追加指定される
1965（昭和40）年	一級国道と二級国道の区分が消え、すべて一般国道となる
1970（昭和45）年	一般国道272〜328号が追加指定される
1972（昭和47）年	沖縄返還と同時に、沖縄初の国道として58号、329〜332号が追加指定される
1975（昭和50）年	一般国道333〜390号が追加指定される
1982（昭和57）年	一般国道391〜449号が追加指定される
1993（平成5）年	一般国道450〜507号が追加指定される

国道なのに、国が管理しない区間がある？

「国道＝国が管理する道路」と思いがちだが、実は必ずしもそうではない。国道には「指定区間」と「指定外区間」と呼ばれる区間がある。

前者は国道の中でも重要な国道を指し、交通量が多いのが特徴だ。

後者はそれ以外の道路である。指定区間の国道は、その重要性ゆえ、国が直接管理している。

指定外区間は国から補助金をもらい、地方自治体が管理している。しかし、一本まるごと国が管理している国道もあれば、一本の中で国と地方自治体が管理している区間が混在しているものがある。

たとえば、**139号**では、静岡県富士市《ふじ》〜山梨県大月市《おおつき》間のみ指定区間で、それ以外は地方自治体が管理している。国道という名がついていても、国が管理していない区間もあるのだ。

指定区間と指定外区間の差を意識することはあまりないかもしれないが、標識のポール部分に「国土交通省」、または「○県」といった表記がされているので、注目して見てみると面白い。

第1章
全線完走は至難のワザ!?「酷道」列伝

国道
157
ROUTE

国道界隈で有名なあの看板が出現！「洗い越し」区間は雨天走行要注意

157号は石川県金沢《かなざわ》市の武蔵《むさし》交差点から始まり、石川県、福井県、岐阜県を南下し、岐阜県岐阜市茜部本郷《あかなべほんごう》交差点で**21号**に至るまでの国道だ。福井〜岐阜間を結ぶ最短ルートではあるのだが、県境の厳しい温見峠《ぬくみとうげ》越えなどがあり、通常は別のルートを選ぶのが賢明だろう。

岐阜市内の**21号**は茜部本郷交差点から北に向かってスタートする。スタート直後はまずJR岐阜駅の東を通り抜け、回り込んで岐阜駅の北側に出る。その後、岐阜市内を左折、右折を繰り返しながら、徐々に市街地を抜けていく。

断崖絶壁の「落ちたら死ぬ!!」道路

続いて、岐阜県本巣《もとす》市に入り、根尾川《ねおがわ》に沿って北上していると、「大型車通行不能」の看板が出現する。このあと出てくる「酷道」区間が想像され、先が思いやられる。

次に、右から**418号**が合流してくる。**418号**は岐阜県本巣市根尾板所《ねおいたしょ》から福井県大《おお》野《の》市まで、なんと約72㎞も重複しているのだ。つまり、**157号**の核心部である温見峠などの「酷道」区間もモロに重複だ。

さらに進むと、ぐっと道が細くなり、「大型車通行不能」の看板が再び現れる。今度は「最終回転場」ともあり、これからどのような「酷道」区間が待ち構えているのか、緊張が走る。

国道マニアの間で有名な「落ちたら死ぬ!!」看板
（岐阜県本巣市）

運転していると、ある看板に目がとまる。黄色い背景に赤字で「落ちたら死ぬ!!」と書かれた看板だ。これは国道マニアの間ではかなり有名な看板だが、ルート中で案外早く現れる。「落ちたら死ぬ!!」とは、これまた大げさな、と思うかもしれない。しかし、少し進んで見晴らしのいいところに出ると、路肩にガードレールはいっさいない。

車を止めてのぞき込んでみると、道路のはるか下のほうに川が見える。ここから落ちれば、たしかに死んでしまうだろう。「落ちたら死ぬ!!」は冗談でもなんでもないのだ。

そして、「落ちたら死ぬ!!」看板の場所からすぐ先を見ると、ゲートが設置してある。このゲートは天候が荒れたときなどに通行を遮断するものだが、またここにも「大型車通行不能」の看板がある。それほどまで大型車には来てほしくないのだ。

さらに先に進む。「酷道」らしい道が続く。しばらく進むと、「洗い越し」が出現する。洗い越しとは、道路の上を川がそのまま流れるようにしたものをいう。川を渡る場所に道路を通す場合は、通常は橋をかけるのだが、川が小さな沢だったときは、橋をかけるのがコスト的に見合わないことがあり、そのような場合に洗い越し方式が採用されることがある。

国道では、この**157号**（**418号**重複）のほか、**352号**でも見られる。**157号**には、この洗い越しがいくつもあるのだ。なかには、まったく水が流れていないものや、道路の下に水路がつくってあって、その下を水が流れる仕組みになっていて、これを洗い越しと呼んでいいのか？　というものもある。もちろん、ザブザブ水が流れているものもいくつも出てくる。しかも、この洗い越しはとても「酷道」感を強く醸し出している。洗い越しの場所は路面が少し凹《へこ》んでいて、その上を川が流れている。大雨のあとなどは、かな

道路を水が流れる「洗い越し」区間（岐阜県本巣市）

り川が増水して走行不能になることもあるようなので、走行前には十分な調査が必要だ。

この「酷道」をクネクネと進むと、ようやく岐阜県と福井県の県境の標高約1020mある温見峠に到達する。

温見峠を越えて福井県側に出ると、ちょっと路面が荒れてくる。福井県側にはカーブミラーが少ない。まったくないというわけではないが、ほとんどない。つまり、福井県側は岐阜県側に比べて相当走りにくいのだ。そのため、路面と対向車に注意しながら、じっくり進む必要がある。

さらに北上すると道が広くなり、ついに「酷道」区間が終了する。どこからどこまでを「酷道」区間というかは明確な定義はないが、「落ちたら死ぬ!!」の看板の前で道がぐっと細くなった場所から測ると、40㎞弱というところだろうか。

福井、石川区間まで行けば安心

続いて、麻那姫湖《まなひめこ》の湖畔を通り過ぎ、福井県大野市の中心近くまで下りてくる。大野市には**418号**の起点があり、長い間重複していた**418号**がこの大野市で終了する。

さらに北上すると、石川県との県境に到達する。県境はトンネル（谷《たに》トンネル）で越える。福井県と石川県の県境付近はよく整備されていて、ごく普通に走れる。

その後、石川県白山《はくさん》市の中心部まで北上し、ここで**8号**に一瞬だけ合流する。**8号**とは約1・4㎞重複してすぐに分岐し、再び**157号**の単独区間となる。

続いて、石川県金沢市に入る。金沢市の中心部で有名な兼六園《けんろくえん》と金沢城公園のすぐそばを通り過ぎて、武蔵交差点に到達すると、ここがゴールだ。

157号は総延長200㎞近くある比較的長い国道なので、普通の道の区間もたいへん長く、決して巷《ちまた》でいわれるほど酷《ひど》い国道というわけではない。とはいえ、なんといっても、温見峠越えの酷道区間は数ある「酷道」の中でも圧巻だ。

岐阜と福井の県境にある温見峠

温見峠の道にある折れ曲がった標識（岐阜県大野市、2017年8月時点）

国道
308
ROUTE

多くの伝説と歴史に彩られた、由緒正しきクラシックルート

308号のルーツは「暗越《くらがりこえ》奈良街道」。奈良時代に「難波津《なにわのつ》」と都を結ぶ最短距離の道として拓《ひら》かれた約15㎞の古道で、数ある奈良街道のひとつでもある。

現在の大阪市中央区高麗橋《こうらいばし》あたりから、東大阪市《ひがしおおさか》を通り、生駒山《いこまやま》を越えて、平城京《へいじょうきょう》に向かう道で、標高455mの暗峠《くらがりとうげ》を越える付近はとても急な坂道。沿線には、今でものどかな棚田《たなだ》や古寺、石仏が点在し、ハイキングコースとしても人気がある。

謎めいた響きのある「暗峠」という地名の由来については諸説ある。

ひとつには、神功《じんぐう》皇后が三韓《さんかん》征伐に向かったとき、朝の鶏鳴《けいめい》を合図に都を出発したが、なかなか夜が明けず、この峠に着いても周囲がまだ暗かったために暗峠と名づけたという。

異説では、時代が下った称徳《しょうとく》天皇の御代《みよ》、世にいう「道鏡《どうきょう》事件」で帝《みかど》の怒りに触れた和《わ》気清麻呂《けのきよまろ》が九州に配流《はいる》となり、このあたりを通りかかったとき、暗殺の密命を帯びた刺客《しかく》が襲撃しようとしたところ、にわかに空がかき曇り暗くなった。清麻呂は一命をとりとめ、その地点を暗峠と呼ぶようになったという伝承もある。

また、あまりに急な道なので、馬に取りつけた鞍《くら》がひっくり返りそうになったために「鞍返り峠」から「くらがりとうげ」に転じたという説まである。

大坂と奈良を結ぶ街道なので古来、多くの人々が往来してきた。西国《さいごく》から伊勢《いせ》に向かう伊勢参宮《さんぐう》街道でもあり、江戸時代には参勤交代《さんきんこうたい》の大名行列も通った。

晩年を旅に暮らした俳人の松尾芭蕉《まつおばしょう》が最後の旅路で通ったのもこの道。

1694（元禄《げんろく》7）年、病を押して生まれ故郷の伊賀《いが》を発《た》った芭蕉は、菊の節句である9月9日、奈良から大坂に向かうために暗峠を越えた。

「菊の香に　くらがり登る　節句かな」

そのとき詠んだ句の碑が街道沿いに建てられている。

8車線道路から最高ランクの「酷道」へ

暗越奈良街道は「日本の道100選」にも選定されている由緒ある道で、暗峠付近は古道らしい石畳が敷かれた風情のある道である。国道としては、大阪市中央区南船場《みなみせんば》の新橋《しんばし》交差点が起点となっている。大阪ミナミのど真ん中、御堂筋《みどうすじ》と長堀通《ながほりどおり》の交差点である。

御堂筋は6車線、長堀通は中央分離帯を挟んで西行き、東行きそれぞれ4車線の8車線道路。国道としては25号、26号、165号と、この308号が接続している。

大阪でもトップクラスの大きい道路としてスタートするが、内環状、外環状を過ぎて生駒山の山裾に差しかかるころから、いささか様相が怪しくなってくる。旧170号としばらく重複し、近鉄《きんてつ》奈良線のガードを越えると、「酷道」の本領発揮となる。

ガードをくぐると、いきなり進入禁止の標識が登場。なんと308号は西向きの一方通行区間になるのである。わずかな迂回《うかい》で復帰はできるが、その先もほとんど1車線の幅しかない狭隘路《きょうあいろ》が続く。しかも、舗装はアスファルトではなく、○形が点々と押されたコンクリート。道路のエレメントとしては、絶滅危惧種ではないだろうか。

そして、枚岡《ひらおか》公園の中を抜けていくパートは、どう見てもハイキング道にしか見えない。ハイカーに出会ったら、「こんなところに車で来るなよ！」と怒られそうな雰囲気だが、実際、車よりハイカーのほうが断然多い。

核心部の「暗峠」はベスト・オブ・「酷道」

観音寺《かんのんじ》前を過ぎるあたりからが核心部で、狭隘路、急勾配、急カーブと3拍子そろった3Kロードになる。さらに、その先のX字交差点が要注意ポイントで、公園道路と交差し

最大傾斜勾配が31％もある坂道（大阪府東大阪市）

暗峠に敷かれている石畳の道路（大阪府東大阪市）

ているのだが、どう見ても「行ってはいけない」ように見える側が正解だったりする。

ここをクリアすると、いよいよ峠へと差しかかるが、道幅はとてつもなく狭い。車同士がすれ違うのは絶対に無理で、歩行者をかわすことすら厳しい部分もある。

そして、急だった勾配が緩くなり、ほぼ平坦になるあたりで、路面が石畳に変わる。峠には小さな茶店があり、ちょっとした土産物などを売っているが、道が狭いので車を停めてのんびり買い物などしている場合ではない。

しかし、この付近には「日本の道100選」の石碑が置かれており、かの松尾芭蕉も通ったであろう由緒ある場所なのだ。だが、当時はここを国道指定され、車が走ることをまったく考慮していない設計になっているので、今や「酷道」の代表格だ。

奈良側は比較的傾斜が緩やかではあるが、気を抜けないパートが続く。生駒山の東麓に下り、第二阪奈《はんな》道路と並行するあたりも、ちょっと国道には見えない怪しい雰囲気が続く。最終的には平城宮《へいじょうきゅう》跡の南側、三条大路《さんじょうおおじ》に合流し、三条大路2交差点が終点となる。

ちなみに、生駒山を西側の新石切《しんいしきり》からトンネルをブチ抜いて東麓で阪奈道路に接続する第二阪奈道路は**308号**線のバイパス。普通に大阪～奈良間を移動するなら、暗峠を越える必要はまったくない。

テーマ別国道セレクション **絶景5選**

国道番号	都道府県	概要
292	長野県	標高日本一の渋峠からの絶景
381	高知県	「日本最後の清流」と称される四万十川の沿岸
344	北海道	直線道路が18km続く景色は通称「天に続く道」
273	北海道	樹海の谷に架かる松見大橋からの風景は圧巻
156	岐阜県	美しい田園風景の白川郷、五箇山の合掌造集落

※以下、図表はすべて2018年4月現在の情報です

暗峠にある「日本の道100選」の石碑（大阪府東大阪市）

国道 458 ROUTE

山形縦断裏ルートに残る未舗装路!
豪雪と重要度の低さで整備進まず

山形県には「酷道」ファンの心をつかんで離さない国道がある。山形県北東部の新庄《しんじょう》市と南東部の上山《かみのやま》市をつなぐ**458号**だ。総延長は112・3㎞で、1993(平成5)年に国道に指定された。県内を南北に縦断するこの**458号**には、山形県寒河江《さがえ》市〜大蔵《おおくら》村間の最高地点である十部一峠《じゅうぶいちとうげ》を挟む約20㎞区間に、未舗装のダート区間が残っている。

国や地方自治体による路面整備が進んだ今日《こんにち》では、山間を走る交通量の少ない国道であっても、舗装が行き届いているケースがほとんど。車窓からの風景で秘境感を味わえる国道はあれど、悪路を体感できる道はほぼ全滅してしまった。**458号**は「未舗装国道」を楽しめるマニア垂涎《すいぜん》の路線なのだ。

では、なぜ**458号**には未舗装のダート区間が残っているのか。それにはいくつかの要因が考えられる。まずひとつは、山形県山間部の豪雪地帯であるということ。たとえば、**458号**が通過する大蔵村の肘折《ひじおり》では、冬期の積雪が4mに達することもある。冬期環境があまりにも厳しく、しかも積雪期間が長いため、道路整備が進まないのだ。

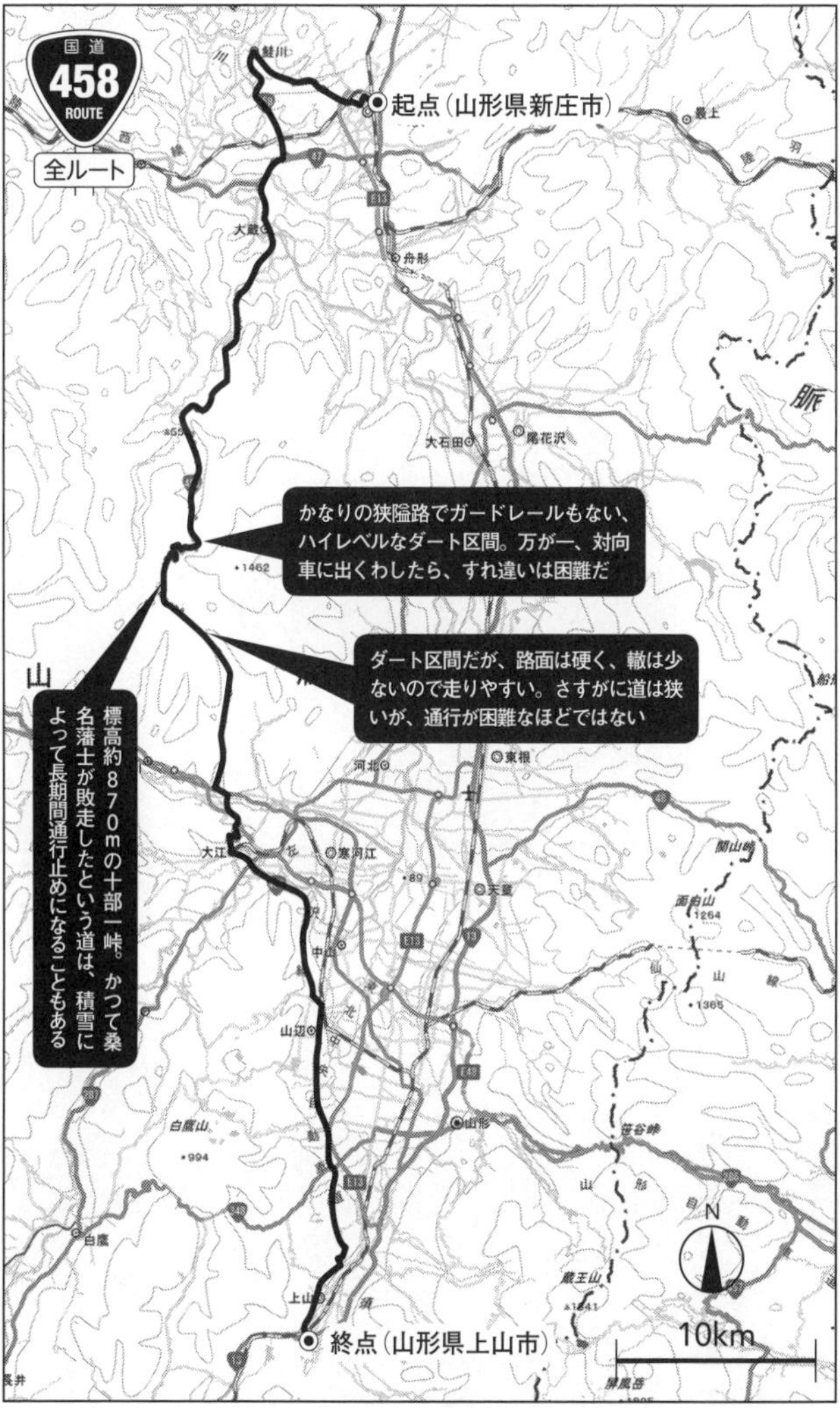
国道
458
ROUTE
全ルート
起点（山形県新庄市）
かなりの狭隘路でガードレールもない、ハイレベルなダート区間。万が一、対向車に出くわしたら、すれ違いは困難だ
ダート区間だが、路面は硬く、轍は少ないので走りやすい。さすがに道は狭いが、通行が困難なほどではない
標高約870mの十部一峠。かつて桑名藩士が敗走したという道は、積雪によって長期間通行止めになることもある
終点（山形県上山市）
鮭川
最上
大蔵
舟形
大石田
尾花沢
東根
河北
大江
寒河江
天童
関山峠
面白山
1264
1365
山辺
山形
笹谷峠
白鷹山
994
白鷹
上山
蔵王山
1462
N
10km

また、もうひとつの理由として、**458号**が県内南北縦断の主要道でない点が挙げられる。新庄から上山までの南北移動には、比較的平坦で山形市街地を通過する**13号**がある。**13号**は路面が完全に整備され、山形県の背骨ともいえる内陸縦断のメインルートだ。必然的に**458号**は整備対象として後回しになってしまうだろう。

そもそも**458号**が国道に指定された背景には、国道が通っていない自治体からの国道指定要請があったためともいわれる。新庄市の隣にある鮭川《さけがわ》村に不自然に寄り道しているのも、そんな経緯からかもしれない。

存在感の薄い平地区間を抜けて峠へ

上山市を出発すると、山形市の外れ、山辺《やまのべ》町、中山《なかやま》町、寒河江市、大江《おおえ》町と通過していく。この区間の路面は整備されているが、場所によっては一見、あぜ道にしか見えないような道や、両脇に民家が立ち並び、拡張のしようがない狭隘路など、およそ国道とは思えない区間がいくつもある。そばを走る市道にも見劣りしてしまうほど**458号**の存在感は薄い。

458号が山間部に入っていくのは、**112号**と一時的に重複し、宮内《みやうち》交差点を右折し

十部一峠の大蔵村側のダート区間（山形県大蔵村）

てから。民家が点在する狭隘路を、ひたすら十部一峠へと向かうことになる。宮内交差点から約９㎞で、冬期通行止めを意味するのだろう、簡易ゲートが見えてくる。

やがて、アスファルトの路面が荒れ始めたかと思うと、ダート区間に突入する。ダートではあるが、路面は深い轍《わだち》が少なく、比較的フラット。スピードさえ出しすぎなければ、さほど運転に支障はない。道幅は狭いが、対向車とすれ違うスペースもある。

繰り返すダート区間に悪戦苦闘

大蔵村との境を前にして、ダート区間は終了。しかし、その後もヘアピンカーブや一部崩壊した路面が続き、ワイルドな国道を走ったという余韻に浸る隙は与えてくれない。

宮内交差点から約17㎞で十部一峠。標高は約８７０ｍだ。十部一峠周辺はかつて山岳信仰の地として山伏《やまぶし》による修験道《しゅげんどう》が行われていた。また、戊辰《ぼしん》戦争時には庄内《しょうない》藩士とともに戦うも新政府軍に敗れた桑名《くわな》藩士が、瀕死の重傷を負いながら鶴岡《つるおか》城を目指して越えていったという歴史もある場所だ。

そんな十部一峠を越えて２㎞ほど行くと、再びダート区間が始まる。そう、**458号**のダート区間は1カ所だけではない。今度のダート区間は約４㎞。道幅はほぼ車1台分しかない。ガードレールやカーブミラーも、もちろんない。林道と言っても過言ではない様相なのだ。

２カ所目のダートを抜けて、アスファルトの路面にホッとしたのも束の間、３カ所目のダート区間が待ち構えている。当然のごとく、狭く、ガードレールもない。この区間は約８００ｍ。その後も未舗装路と舗装路が入れ替わる、せわしない路面状況が延々約４㎞続く。路面の変化とつづら折りに、体力と精神力を消耗しながらの運転となるはずだ。

ただ、悪路続きの峠道ではあるが、視界が開けた場所では、山形県中央部にある月山《がっさん》（標高１９８４ｍ）の雄大な眺望を楽しむこともできる。

テーマ別国道セレクション 通行止め5選

国道番号	都道府県	概要
152	長野県 静岡県	青崩峠と地蔵峠の2カ所が車両通行止め
371	和歌山県	田辺市龍神村と古座川町の狭隘路にそれぞれ未開通区間あり
353	新潟県	萱峠バイパスが建設中で、2028年ごろには通行止めは解消の見込み
291	新潟県 群馬県	清水峠は険しい山岳地帯。通行不能区間は約15km続く
339	青森県	今や観光名所として人気となった階段国道

峠から下ること約18㎞で、県道57号との交差点に差しかかる。57号を進めば、すぐ肘折温泉に至る。開湯から1200年の歴史があるといわれ、月山をはじめとする出羽《でわ》三山《さんざん》への参道口《さんどうぐち》でもあり、修験道の拠点でもあった山形県中央部の温泉郷だ。

肘折温泉を横目に国道を進むと、久しぶりの2車線。国道らしい道に戻ってくる。新庄市街地に向かう前に、もったいぶるようにして鮭川村に寄り道する。

新庄市街地では、江戸時代に築かれた新庄城の跡地・最上《もがみ》公園の近くを通って、**13号**との合流地点で終点となる。

458号のクライマックスは、まぎれもなく未舗装のダートコースだ。

国道 439 ROUTE

ダート&狭隘路でイノチガケ⁉ 四国中心部を縦断する「ヨサク」

徳島県徳島市から、四国の脊梁《せきりょう》山脈を貫くように西進し、高知県四万十《しまんと》市に至る四国で第2位の長さを誇る国道が**439号**。険しい山中を通っているため、未整備道路や急坂、急カーブのパートが多い。そのハードさから、バイク雑誌などに情報が掲載されることもしばしばで、「酷道」ブームの火つけ役になった。

数字の並びから「ヨサク」という愛称で呼ばれ、「酷道」ファンの間ではダントツの知名度を誇っている。

テレビでも何度か紹介されたことがあり、NHK総合テレビのドキュメンタリー番組『ドキュメント72時間』にも登場。この番組では「ゆきゆきて　酷道439」というタイトルがつけられ、3日間かけて国道を走破。「酷道」ぶりのみならず、地域の豊かな自然や、周辺に暮らす人々の暮らしなども併せて紹介されていた。とくにマムシを食料に自給自足で暮らす人の姿も話題になった。

起点の徳島市から剣山《つるぎさん》までの約80㎞は**192号**、**438号**との重複区間となっており、

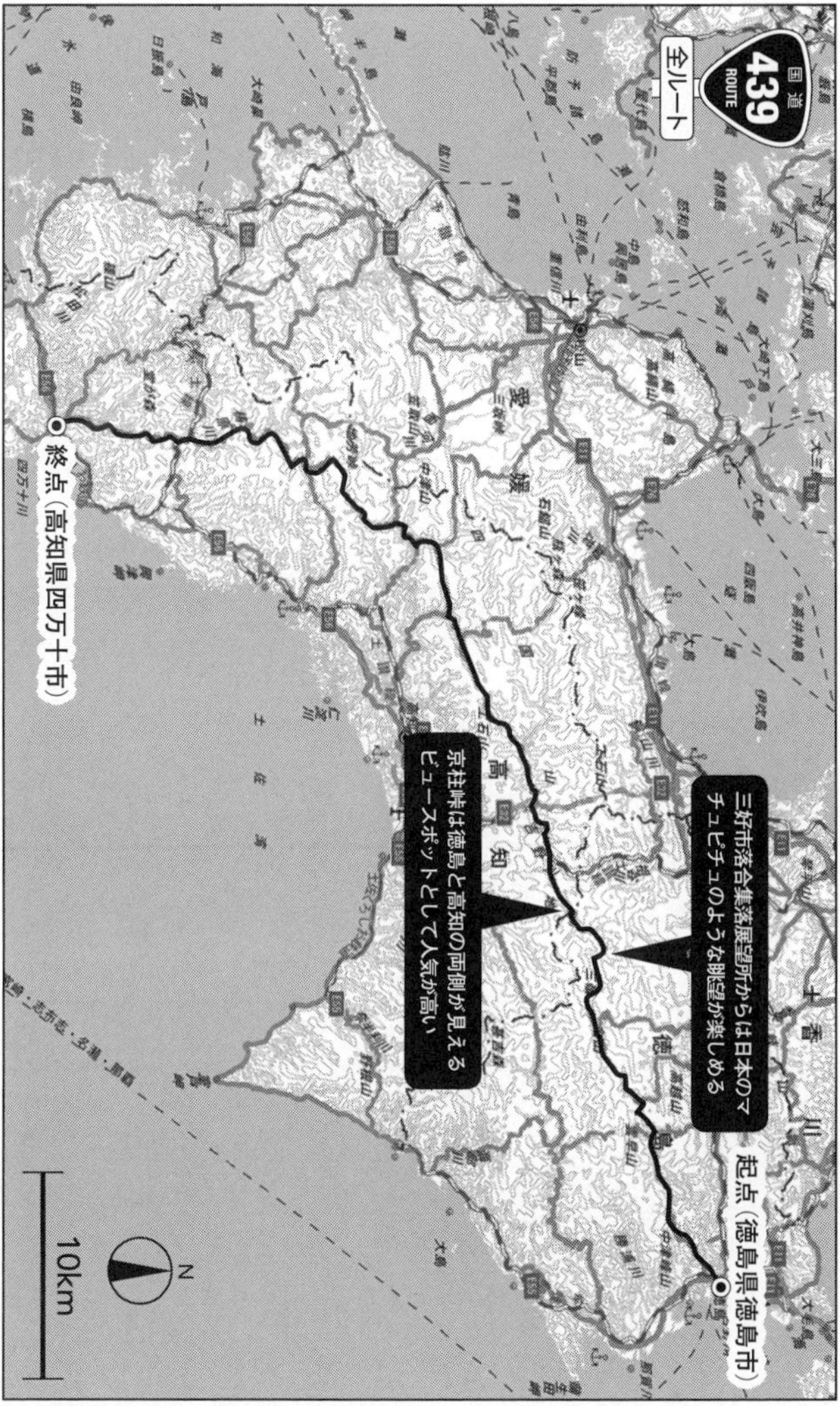
国道
439
ROUTE
全ルート
終点（高知県四万十市）
起点（徳島県徳島市）
三好市落合集落展望所からは日本のマチュピチュのような眺望が楽しめる
京柱峠は徳島と高知の両側が見えるビュースポットとして人気が高い
N
10km

単独区間は剣山以西。ほかの国道との重複区間や、改良済み区間を除く部分は、対面通行が不可能な狭隘路であることが多い。

ハードコースであることを逆手に取って、2014（平成26）年からは「ツール・ド・にし阿波《あわ》」という自転車レースのコースに組み込まれた。近年の自転車ブームもあって、サイクリストの間で注目される道となってきている。

「酷道」界きってのスーパースター

439号の総延長は346・5㎞、実延長は約100㎞短い240・7㎞だが、山間部を通るため、アップダウンの激しさは半端ではない。西日本で第2の高峰、剣山のすぐ北側の鞍部《あんぶ》である見ノ越《みのこし》は標高約1410m。さらに、その西側にある京柱峠《きょうばしらとうげ》は1120mと、1000m級の峠を2つも越えていく。

弘法大師《こうぼうだいし》が阿波から土佐《とさ》へと向かったとき、麓の祖谷《いや》からあまりにも遠く、「この峠越えは京に上るほど」とたとえたことから名づけられたという京柱峠は、晴れていれば徳島側、高知側両方の景色が楽しめる絶景スポット。

駐車スペースと茶屋もあって、ちょっとした観光地のようになっているが、**439号**で

民家の間の狭い道路も国道指定されている(高知県大豊町)

杓子峠のガードレールのない「酷道」区間(高知県四万十市)

この峠を越えるのはなかなかハードだ。

道が狭いうえに、ガードレールがない部分や、舗装が陥没している部分などもあり、「酷道ヨサク」でも屈指の難所として知られている。

通る車が少ないせいか、山深さがまさっているせいなのか、落ち葉が路面を覆い尽くし、舗装道路に見えないことも。

見通しのきかないカーブが連続するうえ、路面に落石が鎮座していることもあって、スピードに乗って快適なドライブを楽しむというような雰囲気ではない。時折、「熊出没注意」と書かれた看板が出てくるのも、いっそう秘境感をあおる。

標高が高いことから、冬期は積雪することも多く、道路自体が閉鎖されて通行止めとなるが、通行止めにならないとしても、とても積雪期に通りたい道ではない。

ヘアピンカーブの連続をこなし、徐々に高度を下げながら西に進むと、やがて高知県へ。大豊町《おおとよ》でいったん**32号**に合流すると、しばらくは走りやすい道路になるが、仁淀川町《によどがわ》で**33号**と分かれると、再び「酷道」に。

矢筈《やはず》トンネル付近では山肌に張りつくような狭隘路ですれ違い不能区間もあり、杓子峠《しゃくしとうげ》付近も1車線の山岳路で、ガードレールや落石予防柵もない、油断できないパートが続く。

狭隘路に次ぐ狭隘路を走り抜け、さらには見通しの悪い、鬱蒼《うっそう》とした杓子峠を抜けると、今までの「酷道」ぶりがウソのような快走路に出る。そして、終点である高知県四万十市に到着すれば、**439号**の旅も終わりだ。

バイパスの増加で減っていく「酷道」区間

改良率がなかなか上がらないといわれている**439号**だが、地域にとって重要な経由地も多く、少しずつバイパスがつくられてきている。

現在のところ、徳島県三好《みよし》市東祖谷《ひがしいや》の菅生《すげおい》バイパス、落合《おちあい》バイパス、京上《きょうじょう》バイパス、高知県の大峠《おおとう》バイパス、大植《おおうえ》バイパスなどがある。

なかでも、東祖谷の中心部を通っていた旧道を迂回する京上バイパスは、2001（平成13）年に供用開始したところ、改良前には30分以上かかっていた部分を、わずか4分で通過することができるようになった。集落の中心部の渋滞緩和、事故軽減に寄与したほか、東祖谷を訪れる観光客数の増加にも大きな影響を与えたとされる。

また、大植バイパスの場合は、緊急輸送道路や生活道路としての機能を確保するために整備されるなど、国内屈指の「酷道」では、地域の道路整備が進められている。

国道
101
ROUTE

道路網整備で賞味期限切れ間近！ 通る者を惑わせる半島のラビリンス

日本の国道は**1号**から始まり、現在459本の路線がある。国道の歴史を振り返ると、1952（昭和27）年に公布された道路法により、一級国道と二級国道に分けられた。1964（昭和39）年の道路法改正で一級、二級の区分は廃止され、一般国道に統一。このとき、旧二級国道には**101号**以降の3桁の番号が振り分けられた。呼び名が廃止された二級国道の定義とは、県庁所在地と重要都市を結ぶ道路、重要都市と一級国道を結ぶ道路などであった。

この旧二級国道で、現在の3桁国道のトップを飾る国道が**101号**である。総延長は267・1kmにおよび、青森県青森市と秋田県秋田市をつないでいる。青森市から新潟県新潟市までを結ぶ**7号**との重複区間も多い。

能代以北は景色が美しい観光道路

青森県側は鰺ケ沢《あじがさわ》あたりから日本海沿いを走り、秋田県に入っても男鹿《おが》半島まで、日本海

JR五能線と並走する。駅舎の奥ではバイパスに戻る（青森県深浦町）

に面した西海岸をひた走る。青森県五所川原《ごしょがわら》市から秋田県能代市にかけては、JR五能線《ごのう》と、らせん状に並走していることでも話題となっている。

JR五能線は、難読駅名が連続することに加え、季節ごとの日本海の景色が楽しめる風光明媚《ふうこうめいび》なローカル路線として近年、人気が急上昇。そんなJR五能線人気にあやかり、能代以北の区間は日本有数のサンセット道路として注目を浴びているのである。

また、1993（平成5）年に、青森県と秋田県にまたがる白神山地《しらかみ》がユネスコの世界自然遺産に登録されて以降は、白神山地へと向かう大型観光バスの通行路としても重要度の高い国道となっている。さらに、路線沿いにあり、海辺の岩場にある露天風呂からの夕景が有名な、青森県深浦《ふかうら》町の黄金崎《こがねざき》不老《ふろう》ふ死《し》温泉も知名度が上がり、**101号**の存在は際立った。

このように、能代以北の**101号**は、観光地や温泉郷、人気ローカル鉄道とタイアップするようなポジティブイメージ満載の3桁国道であった。

国道改正で迷宮区間が仲間入り

そんな**101号**のイメージに新たな要素が加わったのは、１９９３（平成５）年のことである。この年、国道の改正が行われ、**101号**も対象となった。それまで終点は秋田県能代市であったのだが、さらに南下して、男鹿《おが》半島を回り込むようにして秋田市まで延長されたのだ。県道として登録されていた道が、国道として追加されたのである。

つまり、現在の**101号**の総延長やルートは、１９９３（平成５）年の国道改正後のものということだ。

この１９９３（平成５）年に追加された区間が、国道マニアの間で大きな話題となっている。なかでも、男鹿半島を通過する区間は、まるで迷路のように難解な道の連続であり、マニアの間では「迷宮国道」として名高い。もともとが県道とあって、山間部を行くよう

日本海沿いの道は絶景でドライブに最適(青森県深浦町)

な峠道ではなく、民家の間を走る、いわゆる生活道路。地元の住民用の道路であったためか、道路標識の表示があまりに不十分で、右折すべきか、左折すべきか、向かうべき方向がわからない道がやたら多いのである。

分岐点に差しかかっても案内標識がないのは当たり前。場所によっては、2車線の道路からいきなり農道に入り込んだり、鋭角に折れ曲がってみたり、民家の間を進んでみたり……。地元に長く暮らす人間ならまだしも、初めて**101号**を走る者にとっては混乱するばかり。あらゆる手段を駆使して、**101号**初心者をこれでもかと翻弄してくるのだ。

狭隘区間も一級品で、車1台がやっとの道を、農地をかき分けるようにして進まねばならない区間もある。周囲の風景があまりにのどかすぎて、走っている道が本当に国道なのか不安に駆られることもあるだろう。市道なのか、国道なのか、判別が難しい区間も少なくない。

整備の加速で面白みのない国道へ……

「酷道」は「酷道」でも、岐阜県本巣市の**157号**や長野県飯田《いいだ》市を通る**256号**のように、山岳地帯を駆け抜けるのではなく、地域住民の生活にここまで密着した「酷道」は非常に珍しいといえる。

近年は道路標識が整備されつつあり、バイパスも開通するなど、いくぶんマシになったようだ。おそらく今後も道路網の整備が進めば、**101号**の迷宮ぶりは薄れていくだろう。

従来のルートから開通したバイパスに国道の指定が変更され、これまでの狭隘区間の一部が県道や市道に降格されているケースもあるようだ。整備が進むのは、交通の安全上、重要なこと。しかし、人里にある「酷道」としての賞味期限が刻一刻と迫っていることもまた事実だ。それでも、今なお**101号**をミスなく正確に走り切るのは至難のワザ。国道ファンでなくとも、男鹿半島のラビリンスに一度はチャレンジしておきたい。

道路狭小の看板が「酷道」を予感させる(秋田県男鹿市)

車1台がやっと通れる細い道(秋田県男鹿市)

国道
193
ROUTE

素掘りトンネルが現役！ 四国トップの「酷道」を走破

193号は「酷道」の宝庫である四国の中でもトップの地位を**439号**と争うような国道だ。ルートは香川県高松《たかまつ》市中新町《なかじんちょう》交差点から始まり、ほぼ真南に南下して吉野川《よしのがわ》を渡り、徳島県の山中を抜けて、徳島県海陽《かいよう》町に到達する区間だ。いわゆる「不通国道」で、国道が最初から最後までつながっていない。ただし、途切れた区間は徳島県道253号がつないでいる。

なお、**193号**はその番号から、語呂合わせで「いくさ（戦）国道」とも呼ばれている。

四国トップの「酷道」のルートは

193号は香川県高松市の中央付近、中新町交差点からスタートする。はじめは**11号**と重複しながら南下するが、高松自動車道に到達するところで**11号**は分岐する。徳島県に入り、吉野川を渡ると**192号**と合流する。少しの間、**192号**とともに吉野川沿いを東進するが、すぐにまた分岐する。**192号**と分かれてしばらく進むと、ぐっと道が細くなる。

国道
193
ROUTE
全ルート
起点（香川県高松市）
「酷道」ばかりの193号の中でも、香川県内は普通の道が続く。しかし、南下するにしたがって徐々に道が細くなる
深い森の中を進む倉羅峠。別名「経ノ坂峠」とも。細いだけでも大変なのに、近くには勾配16%もの激坂も
美しい名前と異なり、とても「酷い」道が続く霧越峠。名前の通り霧の発生が多く、走りにくさに拍車が
終点（徳島県海陽町）
備讃諸島
讃岐山脈
香川
徳島
N
10km

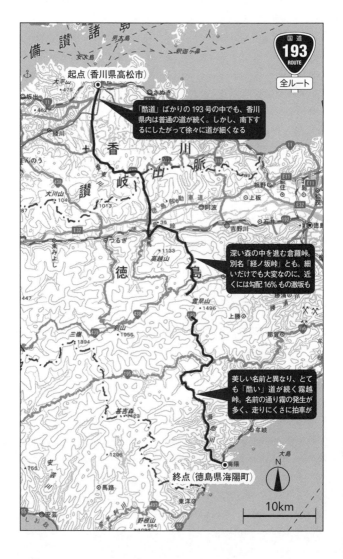

吉野川のあたりまでは比較的平坦な場所を進んでくるが、このあたりから山間部になるのだ。道幅が狭くなり、センターラインもなくなって、「酷道」感が出てくる。

さらに南下すると、**438号**に合流する。**438号**とは少しだけ重複して、すぐに分かれていく。**438号**と重複しているあたりは民家も出てくるため「酷道」感が少し和らぐが、分岐したあと、再びすぐに細い道になる。

気づかない間に県道を走る!?

438号から分かれて6・5㎞ほど南下すると、いったん**193号**は終了し、例の不通区間となる。しかし、「不通」とはいえ、道はそのまま何事もなかったかのように県道253号になるので、知っている人でなければ県道に変わっていることにはまったく気がつかないだろう。県道との境界は、南西に進む**193号**が、いくつかのヘアピンカーブを通り過ぎ、その西端にあるヘアピンカーブでもう一度、東に方向を変えるのだが、ちょうどそのヘアピンカーブの頂点あたりにある。

通常、管理者の違う道路の境界にはマーキングがあったり、路面のアスファルトに境目があったりして、なんらかの「印」があることが多いのだが、ここには何もない。まるで県道に変わったことに気づかせないようにしているかのようだ。

県道２５３号をしばらく走ると、峠を越えるトンネルがある。この峠は徳島県神山《かみやま》町上《かみ》分《ぶん》と那賀《なか》町沢谷《さわだに》の境界にある土須峠《とすとうげ》で、トンネルの名前は雲早《くもそう》トンネルだ。このトンネルは県道２５３号上にあるにもかかわらず、どうしたことか、その出口付近には**１９３号**の〝おにぎり〟標識が立っている。ここでもこの道が県道であることを隠して、国道であるかのように振る舞っているようだ。

大釜の滝の先にある素掘りトンネル（徳島県那賀町）

ちなみに、雲早トンネルの南側出口付近で、東から剣山スーパー林道が合流してくる。

剣山スーパー林道は全長87・７㎞におよぶ日本最長の林道で、長大な未舗装路が続くことで知られている。剣山スーパー林道はこのあと、県道２５３号と南に１・３㎞ほど重複したあと、西に分岐していく。

さらに南下すると、いつの間にか県道253号から**193号**に戻る。この場所にもまったくなんの印もなく、いつの間にか県道が国道に変わっている。ちなみに**193号**に挟まった県道253号の区間は約8・8kmである。

193号の本領発揮の素掘りトンネル

県道から国道に変わったからといって、道路の様子が変わることもなく、相変わらずセンターラインのない、簡単にはすれ違いができないような道路が続く。そして、そのまましばらく進むと滝が現れる。これが「大釜《おおがま》の滝《たき》」で、「日本の滝百選」にも選ばれている。落差は20mで、あまり大きいというわけではないが、国道から見ることができる。

そして、大釜の滝のすぐ先で、今度はトンネルが出てくるのだが、なんと、これが素掘りのトンネルなのだ。

名前は「大釜隧道《ずいどう》」。国道にある素掘りのトンネルは、新潟県は**459号**の鹿瀬《かのせ》ダム付近にある一連のトンネルが有名だが、それとは比較にならないほど「手掘り」感満載の、思わず「大丈夫か？」と思ってしまうような、なんとも貧弱なトンネルだ。

さらに進むと、もうひとつ滝が現れる。「大轟《おおとどろ》の滝《たき》」だ。ここは道が折り返しながら川

テーマ別国道セレクション 個性派トンネル5選

トンネル名	国道番号	都道府県	概要
雁坂トンネル	140	埼玉県 山梨県	一般国道最長の陸上トンネルの長さは約6.6km
関門トンネル	2	山口県 福岡県	約3.4kmある山口県下関～福岡県北九州間を結ぶトンネル
東栗子トンネル	13	福島県	入り口の建物には換気設備が備えられており、全長約2.3km
アクアトンネル	409	神奈川県 千葉県	日本一長い国道トンネルの全長は約9.5km
明通トンネル	143	長野県	現役で日本最古の国道を通過するトンネルの長さは約0.1km

底に下りていく感じで、その道の途中からこの滝が拝める。大轟の滝を過ぎたあたりから「酷道」区間は終了し、センターラインのある普通の道路になる。その後、那賀川《なかがわ》に到達して**195号**と合流する。**195号**とは4kmほど重複したあと、南に分岐し、最後の山越えに向かう。このあたりから、またセンターラインがなくなり、再び「酷道」になる。

そして、最後の難関、霧越峠《きりごえとうげ》を越える。霧越峠も相変わらず「酷道」が続くのだが、ここまでさんざん酷い**193号**を走ってきているので、感覚が麻痺《まひ》するのか、淡々と走行して、海陽町の中心部に下りていく。最後はJR阿波鳴門《なると》シーサイドラインの高架をくぐり、**55号**に到達して**193号**は終了だ。

国道
477
ROUTE

つづら折りの急カーブの先は、魑魅魍魎が棲む伝説の魔境!?

三重県四日市《よっかいち》市と大阪府池田《いけだ》市を結ぶ**477号**は、辺鄙《へんぴ》な山の中をわざわざ選んで走っているとしか思えない国道。「菰野《こもの》道《みち》」「巡見《じゅんけん》街道」「湯《ゆ》の山《やま》街道」「浜《はま》街道」「花折《はなおれ》街道」など、古くからある道をつないで、1993（平成5）年に国道指定された、400番台らしい風情の国道だ。

総延長229・9km、現道（新たな道路ができても降格していない既存の国道）は196・7kmで、多くのパートがいわゆる「酷道」として知られている。

起点は四日市市の中心部。伊勢《いせ》湾に面した海沿いのエリアで、「国道1号」や「名四《めいし》国道」とも呼ばれている**23号**もすぐそばを通っている。

三滝川《みたきがわ》に沿って上流に向かい、かつて有料道路だった「鈴鹿《すずか》スカイライン」へ。鈴鹿の名峰・御在所岳《ございしょだけ》と、その南にそびえる鎌ヶ岳《かまがたけ》の間の標高約880mの武平峠《ぶへいとうげ》をトンネルで越え、滋賀県へ。

鈴鹿山脈から琵琶湖《びわこ》に注ぐ野洲川《やすがわ》と並行しながら琵琶湖の南東へと下っていく。

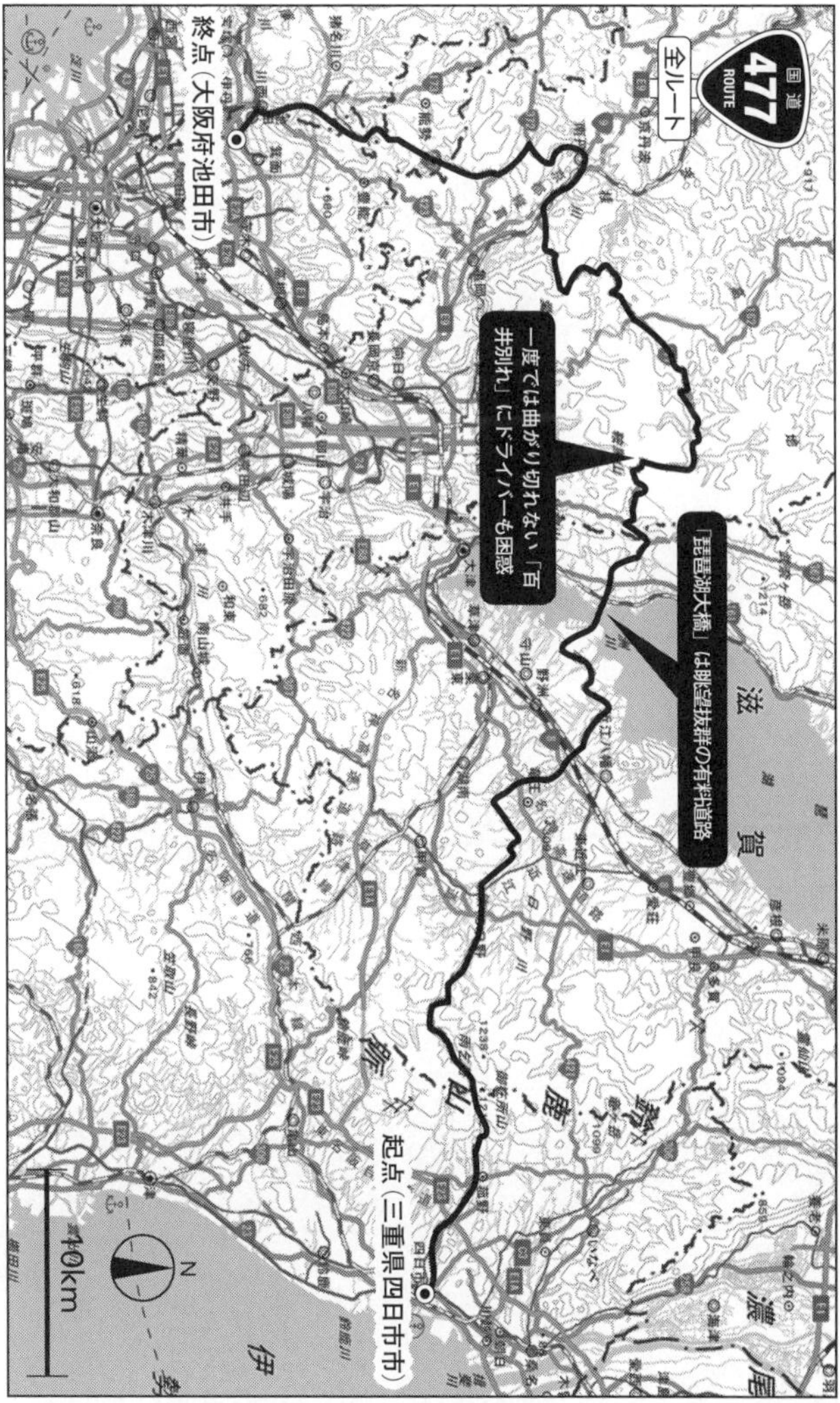
国道
477
ROUTE
全ルート
終点（大阪府池田市）
一度では曲がり切れない「百井別れ」にドライバーも困惑
「琵琶湖大橋」は眺望抜群の有料道路
起点（三重県四日市市）
10km

まず「酷道」ぶりを見せつけるのがこのエリアで、田んぼが広がるのどかな風景の中、右へ、左へ、複雑に屈曲を繰り返す。カーナビがなければトレースすることが困難なほど入り組んでいるため、「湖東《ことう》ラビリンス」と呼ばれている。

このエリアでは、古くからある道をそのまま国道指定しているため、県道レベル以下の狭いパートも多く、市道と出合って、一旦停止という交差点まである。道のキャパシティのわりに通行量が多いので、つねに渋滞が多いのも走りにくい原因となっている。

有料道路の「琵琶湖大橋」で琵琶湖を渡って、対岸の湖西エリアの大津《おおつ》市へ。

ちなみに、琵琶湖大橋は東行きの一部区間が、法定速度で走ると「琵琶湖周航の歌」のメロディが聞こえるメロディロードになっている。「酷道」分の埋め合わせというわけではないだろうが、ホッする仕掛けである。

曲がり切れない「百井別れ」

「酷道477号」のメインは、滋賀県から京都府に入る「途中越《とちゅうごえ》」から、京都市左京《さきょう》区の大原百井町《おおはらももいちょう》、そして鞍馬《くらま》にかけてのエリア。

あぜ道レベルの狭い道が続くうえ、山深いエリアなので、悪天候時には通行規制が行わ

切り返さないと曲がることができない「百井別れ」（京都府京都市）

「百井別れ」の先にあるデコボコの道路（京都府京都市）

れる。標高700m超えの百井峠《ももいとうげ》周辺は冬は積雪することもあり、ノーマルタイヤではとても通行できない。

ガードレールがない部分があったり、路面の舗装が荒れているところもある国道らしくない道だが、極めつきは「百井別れ」と呼ばれるポイント。

京都府道38号との交点になっているのだが、屈曲が鋭角すぎて、一般車では一度では曲がり切れないカーブなのだ。

府道のほうは対面通行が可能な道幅があるのだが、**477号**のほうは1車線分の幅しかない。しかも、下から登っていく**477号**と上を通っている府道38号の間は段差が大きいため、曲がる位置によっては、車の底をこすってしまう。

カーブミラーは設置されているが、角度が急すぎるうえ、傾斜があるので先がよく見えない。初めて通る人にとっては、かなり怖い交差点に感じられるはず。

百井別れを乗り越えてホッとする間もなく「酷道」区間は続く。ガードレールはなく、ヘアピンカーブはもちろん1車線ギリギリの道を進んでいく。さらにはデコボコの未整備区間まで待ち構えており、「酷道」のオンパレードだ。百井別れを越えたからといって、気を抜いてはいけない。

市街地をとことん避けて大阪府へ

鞍馬の周辺は、京都市左京区とはいえ魑魅魍魎《ちみもうりょう》が出没するという伝説を秘めた地で、鞍馬天狗《てんぐ》が住んでいたと伝わる。そこから**477号**はさらに北上して、京北周山町《けいほくしゅうざんちょう》という山深い秘境エリアへ。市街地を通ると何か不都合なことでもあるかのようなルート取りで山の中を西へ、東へ。桂川《かつらがわ》の上流、園部《そのべ》付近で山陰道《さんいんどう》**9号**、JR山陰本線に出合う。

京都府南丹《なんたん》市内では、複雑な五差路、クランク交差点に狭隘路が続き、挙げ句に八木《やぎ》駅前付近の**9号**との八木交差点から延びる商店街を突っ切ることになる。

しばらくは**9号**との重複区間となるため走りやすい道が続くが、園部の河原町《かわらまち》交差点から再び**477号**単独路線に。どこまで行ってもつぎはぎ感が否めない道が続くが、この付近は京都府、大阪府、兵庫県の三府県の県境が複雑に入り組んでいて、カーナビを使っていると案内音声が非常にせわしない。

京都府亀岡《かめおか》市から大阪府能勢《のせ》町に入り、妙見山《みょうけんさん》の山懐《やまふところ》にいだかれた「日本一の里山」と呼ばれるのどかな山里を走り抜け、やがて一《いち》の鳥居《とりい》交差点へ。**173号**との重複区間となり、能勢街道に入るが、周辺は関西でも屈指の渋滞頻発区間。それも十分に「酷道」ではある。

コラム　いったいどうして？ 欠番があるワケ

国道には**1～507号**の番号が割り振られているが、国道の本数は459本。巻末238～251ページの国道一覧リストを見れば一目瞭然、国道には「欠番」が6つも存在するのだ。

国道には一級と二級の区分があり、一級は**1～40号**、二級には**101号**以降というのがルール（21ページ参照）。だが、制定時から時代が下り、二級でも交通量の変化や町の発展によって重要性が高まったものが一級に昇格。そうなると、もとの番号が空いてしまい、欠番となってしまうのだ。

ただし、それらの一部は新たに国道指定されるものに当てられることもある。逆に、新規指定がなければ欠番のまま。二級の中では**109～111号**、**214～216号**がそれに該当する。

59～100号と**508号**以降は将来の昇格や追加指定を見越して空けてある、いわば「空席」。したがって、純粋な意味での欠番は、**109～111号**、**214～216号**の6つのみだ。

第2章
なぜこんなところが!?
「珍国道」列伝

国道 170 ROUTE

国道 324 ROUTE

お昼は車が通行禁止に！アーケード商店街は立派な国道

自動車が通行するのが当たり前と思われている一般国道の中でも、車両での通行が困難な国道がたまにある。たとえば、奈良時代から存在していた暗越奈良街道を国道にしたため、自動車が通行するには勾配があまりにも急すぎたり、道幅が狭すぎる**308号**の暗峠（38ページ参照）。はたまた一部区間が階段になっているため、自動車はおろか、バイクや自転車すら通れない**339号**（160ページ参照）の例もある。さらに、国道がなぜか商店街のアーケードになっているために車が通れないという面白すぎるケースが、なんと全国2カ所に存在しているのだ。

混乱注意！２本並行する170号

大阪府と奈良県の府県境をなしているのが、生駒山《いこまやま》から大和葛城山《やまとかつらぎさん》、金剛山《こんごうさん》へと連なる山並み。その山並みの西側の裾野《すその》、大阪平野の東端を南北に貫くように走っているのが**170号**だ。

国道指定されている「瓢簞山商店街」（大阪府東大阪市）

大阪府高槻《たかつき》市から枚方《ひらかた》市、寝屋川《ねやがわ》市、四《し》条畷《じょうなわて》市、東大阪市などを通り、富田林《とんだばやし》市、河内長野《かわちながの》市、和泉《いずみ》市、岸和田《きしわだ》市、熊取《くまとり》町から泉佐野《いずみさの》市までの総延長142・1㎞の国道。「大阪外環状線」とも呼ばれる一大幹線道だが、実は4代目にあたる。

初代**170号**は、1953（昭和28）年に、和歌山県和歌山市と三重県松阪《まつさか》市を結ぶ国道として制定されたが、この道はのちに**42号**として2桁国道に昇格。

その後、**170号**としては消滅していた時期もあるものの、2代目、3代目を経て、1994（平成6）年に、関西《かんさい》国際空港の開港に合わせて新しく開通したのが現在の道。

ちなみに、2代目、3代目も現役で、「大阪外環状線＝国道**170号**」と並行して、〝もう1本の**170号**〟が存在している。

これは外環状線が開通したあとも国道指定が解除されていないためなのだが、左折も右折も**170号**、直進も**170号**、というような、知らない人が見ると混乱する行き先表示の標識も多い。地元では新道を「外環《そとかん》」、旧道を「旧170」と呼んで使い分けている。

このあたりの事情を大阪弁で簡単に言うと、「手続きがめんどくさいし、道路標示を変えたらカネもかかる。もうこのままでええんとちゃうか」ということらしい。

進んだ先にはにぎやかな商店街が

さて、旧道のほうの**170号**は、生駒山麓の住宅街の中を南下していくとアーケードのある商店街に行き当たる。下町風情が色濃く漂い、にぎやかな「瓢箪山《ひょうたんやま》商店街」だ。

もともと北河内《きたかわち》と高野山《こうやさん》を結ぶ「東高野《ひがしこうや》街道」が通っていたところで、古くから人の往来が多かったようだ。自然発生的に発展してきた商店街にアーケードがかけられたのは1961（昭和36）年。**170号**になったのはその2年後のことで、国道にアーケードがつくられたのではなく、アーケードのある商店街が国道になったというわけ。商店や買い物客が優先されるのも、やむをえないのである。

ただし、完全な車両通行止めというわけではなく、通れないのは7時から20時までの時間限定。それ以外の時間帯は自動車も通行可能だ。

繁華街の入り口に国道標識

長崎市で一番の繁華街は浜町《はままち》商店街。エキゾチックタウン長崎の冬の風物詩として人気が高いランタンフェスティバルの会場の一部としても知られ、会期中は華やかな中国風のちょうちんがずらりと吊《つ》るされて異国情緒満点になる。

地元住民の日常的なショッピングはもとより、観光客にとっても、土産物を探したり、グルメスポットとしても人気のエリアで、多くの商店が立ち並ぶアーケードはいつもにぎわっている。

入り口に国道標識がある「浜町商店街」
（長崎県長崎市）

そのアーケード街の入口にある信

号機の下には、歩行者専用道路の標識と、「324」の国道標識がしっかり掲げられている。朝10時から翌朝5時まで歩行者専用となるので、車両が通行できるのは、1日のうち朝5時から10時までの5時間のみ。車両は時速20㎞以下に制限されている。

アーケード区間は約350mだが、その先もまだ商店街が続いていて、通行規制はないものの、一般的な国道のように走れる状況ではない。

商店街の次は海の上を通る!?

324号は長崎県長崎市から熊本県宇城《うき》市に至る総延長137・6㎞の国道で、1970（昭和45）年に国道指定された。アーケード国道であることに加えて、もうひとつ特徴的なことがある。それは海上区間が設定されている点だ。

長崎県長崎市の茂木《もぎ》港から熊本県苓北《れいほく》町の富岡《とみおか》港までの有明海《ありあけかい》が海上区間となっていて、フェリーで移動する設定だ。対岸に渡ると、天草灘《あまくさなだ》や島原《しまばら》湾を望む眺望のいいシーサイドエリアになり、**266号**との重複区間である、天草松島《まつしま》と九州本土をつなぐ天草五橋《ごきょう》、天草パールラインは、九州でも屈指の風光明媚な観光道路。なお、このパートは離島を渡る国道として、**317号**に次いで2番目に多くの離島を通っている。

朝5〜10時の間は走行可能な「浜町商店街」(長崎県長崎市)

茂木港フェリー乗り場(長崎県長崎市)

国道 2 ROUTE

世界初の海底トンネル道！ 海底内で県境を越える

大阪から中国地方を縦断して海を渡り、北九州《きたきゅうしゅう》まで延びる西日本一の大動脈、**2号**。東は**1号**の終点、大阪市北区の梅田新道《うめだしんみち》交差点から、西は福岡県北九州市門司区《もじ》、**3号**の起点である老松《おいまつ》公園前交差点を結ぶ、総延長671・4㎞の長大な道だ。

長さでは**58号**、**4号**、**9号**に次ぐ4番目だが、**2号**のトピックは、なんといっても「世界初の海底トンネル道」が含まれているという点。

その海底トンネル部分には、自動車道だけではなく、徒歩用の人道も設置されていて、徒歩で海底の県境を越えることができる。その徒歩用の人道にアクセスするためのエレベーターも国道に指定されていて、何から何までユニークな存在だ。

着工から21年経って完成した海底トンネル

本州の下関《しものせき》と九州の門司を隔てる幅約600ｍの関門《かんもん》海峡。最も狭い部分が「早鞆《はやとも》の瀬《せ》戸《と》」で、源平合戦《げんぺいかっせん》の壇《だん》ノ浦《うら》の戦いの舞台として知られている。

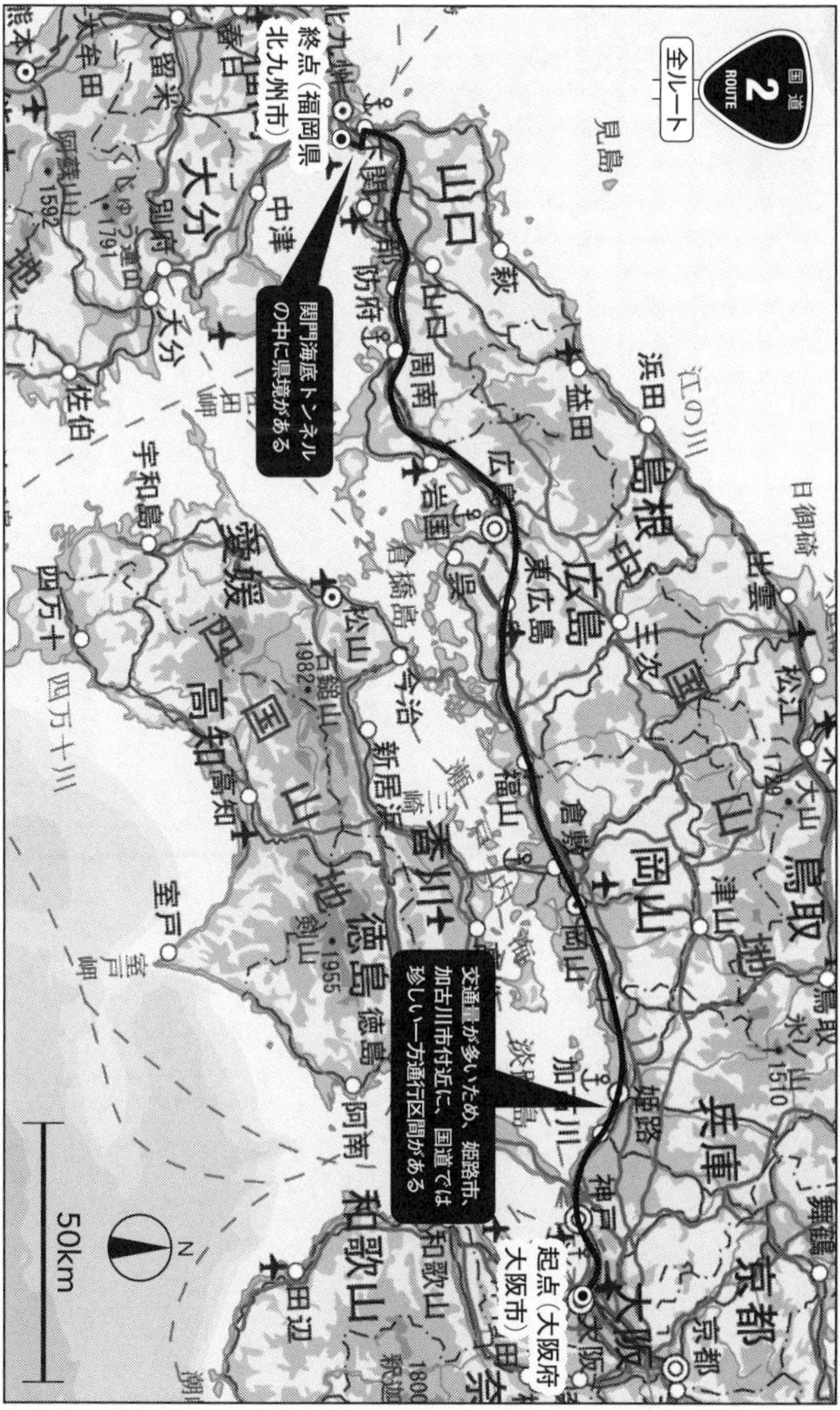
国道
2
ROUTE
全ルート
終点（福岡県北九州市）
関門海底トンネルの中に県境がある
交通量が多いため、姫路市、加古川市付近に、国道では珍しい一方通行区間がある
起点（大阪府大阪市）
50km

海峡最深部は水深47m、幅が狭いために潮流は速く、大潮のときには10ノット（時速約19㎞）ほどになることも。しかも潮の干満により、1日に4回も潮流の向きが変わる海上交通の難所だ。

ただ、下関と門司の陸地は目と鼻の先。近代に入ってからは、比較的早い段階から海底トンネルや橋梁の建設が計画された。現在は3本の海底トンネルと、1本の橋が本州と九州を結んでいる。

最初に海峡を結んだのは鉄道用の「関門鉄道トンネル」で、1942（昭和17）年に開通。当時は戦時下で、物資も人材も十分ではない中で進められた一大事業であり、開通したときには「海の彼方《かなた》の〝竜宮《りゅうぐう》へつながる回廊〟」と人々の絶賛を集めた。

次に建設されたのが道路トンネル。着工に先立つ試掘は鉄道トンネルと同じ1937（昭和12）年に開始。1939（昭和14）年に完成したものの、トンネル掘削には適さない地質だった。さらに第二次世界大戦勃発による資材不足、相次ぐ戦災によって工事が中断するなど、建設は苦難の連続となった。

そして、鉄道トンネルに遅れること16年の1958（昭和33）年、着工から実に21年の歳月をかけて、ようやく悲願の開通にこぎつけた。総工費は当時の金額で57億円にのぼっ

海底トンネルの入り口では国道標識が見られる（山口県下関市）

海底トンネル内にある山口県と福岡県の県境

たという。

世界初の海底道路トンネル誕生は大ニュースとなり、しかも本州から九州に歩いて渡れるということで、全国から多くの観光客が押し寄せて、海底散歩を楽しんだそうだ。

海底道路トンネルと関門橋の関係

海上に架けられている高速道路の関門橋《かんもんきょう》と海底道路トンネルはほぼ並行しており、ともに早鞆の瀬戸付近を通っている。

車道トンネルの本州側は、高速道路の下関インターチェンジにつながっていて、九州側は門司港インターチェンジの南側、**3号**との接続点である老松公園交差点の300m手前まで、全長3461mのトンネルで、そのうち海底部分にあたるのは780mである。

建設からすでに70年以上が経過して老朽化が進んでいるため、定期的に大規模な補修作業が必要となっており、時折、全面通行止めにして作業を行うことがある。

また、海上を渡る関門橋は、台風などの影響によって通行止めになることがあるので、どちらかが通れない状況のときには、相互で振り替えが行われて、補完し合う関係となっている。

早鞆の瀬戸を渡る関門橋（福岡県北九州市）

海底トンネルの実態は

海底部は断面が真円のチューブ状で、上部の3分の2程度が車道、下部の3分の1程度が人道という2層構造になっている。

トンネル入り口から海底部までのアプローチ部分は車道しかつくられていない。

自転車、原動機付自転車は人道部分を押して歩かなければならず、監視カメラでチェックされて、スピーカーで注意を受けることもある。

珍しい海底トンネルを歩けるということで観光名所となっているほか、天気の悪い日や真夏の日中も快適に通行できるため、近隣住民のジョギングやウオーキングのコースとしても活用されている。

国道
4
ROUTE

陸上だけなら日本最長の国道！ 東京発青森行きは全長836・7km

4号は東京都中央区の日本橋《にほんばし》から始まり、関東地方、東北地方の真ん中を北上し、青森県青森市の青《あお》い森《もり》公園前に至るまでの国道だ。その総延長は、なんと836・7kmもある。

総延長だけでいうと、鹿児島県鹿児島市から始まり、種子島《たねがしま》、奄美大島《あまみおおしま》を経由して沖縄県那覇《なは》市までを結ぶ**58号**が884・4kmでトップだが、**58号**はその大半（609・5km）が海上区間のため、純粋に陸上区間（道路だけの距離）では**4号**が文句なしのトップだ。

4号はかつての日光街道のうち、現在の東京日本橋から栃木県宇都宮《うつのみや》市に至るルートを通っている。さらに奥州街道、現在の東京日本橋から福島県白河《しらかわ》市をなぞるようにルートが延びており、やはり同様のルートをとる東北自動車道、JR東北本線や東北新幹線とも並走している。

80kmの間を5つのバイパスがつないでいく

起点の日本橋をスタートすると、すぐに室町《むろまち》3丁目交差点を右折し、引き続き本町《ほんちょう》交差

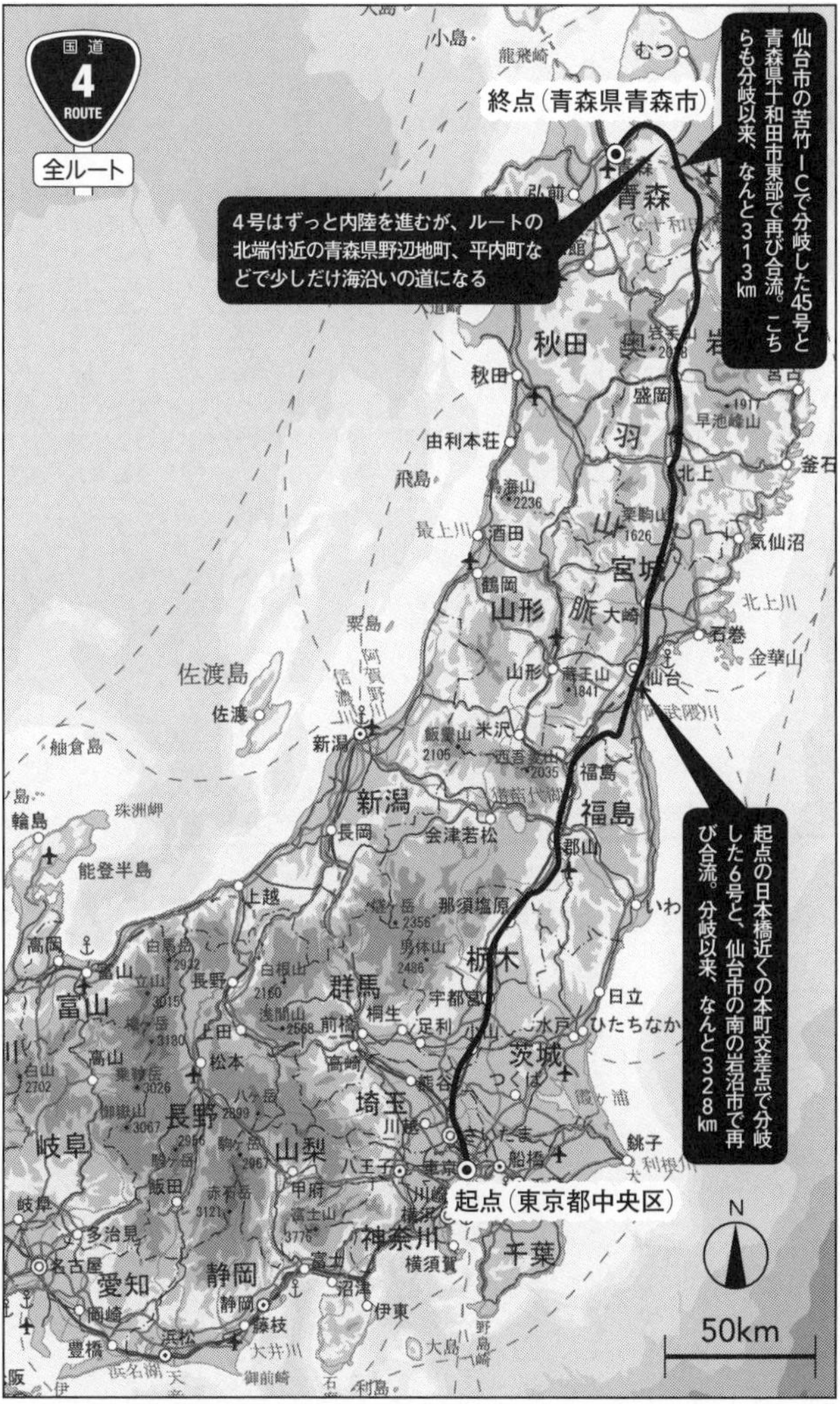
国道
4
ROUTE
全ルート
終点（青森県青森市）
仙台市の苦竹ＩＣで分岐した45号と青森県十和田市東部で再び合流。こちらも分岐以来、なんと３１３㎞
4号はずっと内陸を進むが、ルートの北端付近の青森県野辺地町、平内町などで少しだけ海沿いの道になる
起点の日本橋近くの本町交差点で分岐した6号と、仙台市の南の岩沼市で再び合流。分岐以来、なんと３２８㎞
起点（東京都中央区）
N
50km
青森
秋田
岩手
宮城
山形
福島
新潟
栃木
群馬
茨城
埼玉
千葉
東京
神奈川
山梨
長野
静岡
富山
岐阜
愛知
佐渡島
能登半島
仙台
盛岡
郡山
宇都宮

点を左折する。左折した先は首都高速1号上野《うえの》線の下を走る道となり、JR上野駅付近までしばらく首都高速と並走する。

その後、荒川《あらかわ》を越え、東京外環自動車道を越える。**4号**が外環道と交差する新善町《しんぜんちょう》交差点の約4㎞東には、4号とはまったく別に、もうひとつのルート（東埼玉《ひがしさいたま》道路）が南北に走っている。東埼玉道路は現時点では全長約6㎞の短いルートだが、将来的には北に延伸して**4号**とつながり、本線のバイパスとなるようだ。

外環道を越えて少し北に進むと、越谷《こしがや》市下間久里《しもまくり》でルートが2つに分かれる。道なりに進むとバイパスに入り、越谷春日部《かすかべ》、春日部古河《こが》、古河小山《おやま》、小山石橋《いしばし》、石橋宇都宮と、5つのバイパスが連続する。この一連のバイパスは「新4号国道」の別名で呼ばれており、「新」のつかない**4号**と並走しながら北上する。そして、再び合流するのは宇都宮市北東部。新4号国道の距離は約80㎞もある。旧道と新道が並走する国道は全国各地にあるが、これだけ長距離となると珍しい。

長大国道の意外なトンネル数

栃木県を通り過ぎて次は福島県だ。福島県は海側を「浜通《はまどお》り」、山側を「会津《あいづ》」、その2

青い森公園内にある青森国道に関する石碑（青森県青森市）

者の間を「中通り《なかどお》」と、大きく分けて3つの地方に分けられるが、**4号**はそのうち白河市、郡山《こおりやま》市、福島市、伊達《だて》市と、「中通り」をずっと北上する。**4号**は東北地方の真ん中を突っ切る国道ということで、かなりの山の中を進むのかと思いきや、ここまでも、この先もたいして険しくはならず、ほとんど平坦な場所を進んでいく。

宮城県からさらに北上して岩手県に入ると、**4号**は岩手県の中央を貫く。岩手県は北海道に次いで日本で2番目に面積の広い県だけあって、走り抜けるのに相当時間がかかる。そして、県北になると少し山っぽくなる。盛岡市を過ぎた先の一戸《いちのへ》町で、**4号**最高地点の十三本木峠《じゅうさんぼんぎとうげ》を通過する。ただし「最高地点」といっても、標高は458m。

実は、最長国道の**4号**はトンネルが意外に少ない。これだけ長い国道なのに、全線を通じて4本しかないのだ。最高地点の標高が示すように、全線を通じて比較的平坦な場所を通るからだろう。

そして、4本のうち2本が一戸町にある、小繋《こつなぎ》トンネルと笹目子《ささめこ》トンネルだ。小繋トンネルは全長145m、長いほうの笹目子トンネルでも611m。残りの2本は善知鳥《うとう》トンネルと久栗坂《くぐりざか》トンネルだが、どちらも青森市の青森湾沿いにあり、それぞれ112mと585mと、こちらも大した長さではない。全行程の836・7kmに対して、トンネル部分は全区間合計で1・453km。全体の約0・17%にすぎない。

念願の終点に青森の歴史あり

青森県に入ると八戸《はちのへ》市のすぐ西を通り過ぎ、十和田《とわだ》市から七戸《しちのへ》町、野辺地《のへじ》町へと進む。七戸町では、〝おにぎり〟標識に併設された683kmのキロポストが見られる。683kmとは、まさしく事実上の最長国道にふさわしいキロポストだ。

次に平内《ひらない》町で全区間の最北端となり、方向を南西に変えて青森市に向かう。青森市内に

テーマ別国道セレクション 実延長の最長ベスト5

国道番号	実延長	区間	概要
4	836.7km	東京都中央区～青森県青森市	舗装が整っていて走りやすい
1	760.9km	東京都中央区～大阪府大阪市	日本の道路の大動脈
9	736.9km	京都府京都市～山口県下関市	西日本では実延長が一番長い国道
2	671.4km	大阪府大阪市～福岡県北九州市	最も橋の数が多い国道でもある
45	591.1km	宮城県仙台市～青森県青森市	東日本大震災で甚大な被害を受ける

入ると、市内中心部で青森市役所前を通り過ぎ、青森県庁手前の青い森公園前に到達してゴールだ。

この青い森公園前は**4号**だけでなく、**7号**と**45号**の終点であり、**101号**の起点でもある。通常、国道の起点や終点は目印となる交差点が多いが、**4号**の終点は、すぐ目の前に県庁前交差点があるにもかかわらず、その40mほど手前の青い森公園の前。

その場所には、国道とともに発展してきた青森の歴史と、道路整備の意義や大切さを伝える石碑が置かれている。標柱の目の前に、**7号**の終点を示すキロポスト、反対側の歩道には**4号**の終点を示すキロポストが設置されている。

国道 174 ROUTE

徒歩なら3分以内！神戸の「港国道」はダントツの日本最短

「ウサイン・ボルト選手が本気を出したら、20秒かからないレベル」の短い国道が、神戸《こうべ》の鉄道の表玄関口、三宮《さんのみや》から歩いて10分ほどの海側にある。

三宮駅から南へ、「フラワーロード」と呼ばれて、沿道に花がたくさん植えられた美しい神戸のメインストリートの延長線上に位置しているため、ミナト見物に訪れる観光客も多く、散歩やジョギングを楽しむ地元住民などもよく訪れるエリアだ。

総延長が長い国道の場合は、「実際に走れる距離では」とか、「未開通部分を含めると」とか、定義のしかたによって順位が変わってきたりもするのだが、総延長で比べようが、実質的な距離で競おうが、ぶっち切りで、申し分なく一番短いのが、この**174号**である。

総延長を見てみると、短さナンバーワンの**174号**は187・1m。2位の**130号**は482mあり、倍以上ある。

実延長で比較しても、**174号**の187・1mは変わらず、2位は**189号**の360m、3位が**130号**の482mとなっている。

だんだん縮小していく悲しき過去

1885（明治18）年、明治政府内務省の告示第6号「国道表」によると、**3号**が「東京ヨリ神戸港ニ達スル路線」として登場している。

東京から京都までは**2号**（東京〜大阪港間、現在の**1号**）と重複する路線となっており、**3号**の終点・神戸からは**4号**が長崎まで延びていた。

神戸税関近くの最短国道を示す道路標識
（兵庫県神戸市）

その後、大正時代の1920（大正9）年に施行された旧道路法にもとづく路線認定では、明治時代と同じ「東京市ヨリ神戸港ニ達スル路線」として**38号**になる。

東京から鹿児島に至る**2号**と重複しており、**38号**は神戸港に向かって分岐。現在の**174号**とほぼ同じような構造だが、位置は少々異なっていて、今より西側の中突堤《なかとってい》前から神戸税関に至るコースとなっていた。

現在の**174号**になったのは、1953（昭和28）年の新道路法にもとづく路線指定。神戸港を起点とし、**2号**との交点（神戸市生田《いくた》区＝現・中央区）を終点とする「二級国道**174号**神戸港線」が誕生した。

このときの総延長は、神戸港から三宮駅前の三宮交差点までの約940mであった。

ところが、1962（昭和37）年に**2号**が三宮東《さんのみやひがし》交差点から直進せずに、左折して南下する現在のコースに路線変更が行われた。これによって、**2号**との交点はぐっと海側に移動した。**2号**より北側になってしまった750mあまりの部分は国道指定を外れ、海側の187・1mだけが**174号**として残ったため、このような短い国道が存在することになったのである。

ちなみに、フラワーロードと**174号**の位置は、かつて生田川《いくたがわ》が流れていた。外国人居留地整備の一環で河川の付け替えが行われ、今の新生田川になった。

観光地として魅力がある最短国道周辺

神戸といえば、ミナトと異人館《いじんかん》。1868（明治元）年に神戸港が開港し、多くの外国

北に向かう6車線と南に向かう5車線を有する（兵庫県神戸市）

船が訪れるようになったことが、神戸の近代都市としての性格を決定づけた。

神戸にやってきた外国人たちは、港に近いエリアに「居留地」を与えられて西洋風の街を築き、パンを食べるなど、洋食の文化を神戸にもたらした。

現在も、神戸には多くのパン屋さんが点在しているし、洋菓子の老舗も多い。日本でも屈指の歴史を誇る洋食店や、正統派のバーが多いのも、居留地があった影響だろう。

神戸の街がどこかハイカラで、お洒落《しゃれ》な雰囲気が漂っているのは、明治時代に港が開かれたことに由来しているのである。

そんな貿易都市・神戸においては、港は非常に重要な存在だ。神戸税関をはじめとする

神戸税関本庁前交差点の南西にあるレトロな神戸税関（兵庫県神戸市）

港湾施設も同様である。それらのあるエリアと一般国道を結んでいる**174号**は、距離は短くても、重要な道路として位置づけられている。

法律的にも、1952（昭和27）年に制定された道路法第6条によると、二級国道の要件として、〈港湾法で特に規定された港又は建設大臣が指定する重要な飛行場若しくは国際観光上重要な地と一級国道とを連絡する道路〉と定義されている。

ところで、この**174号**、距離が短いわりに、非常に幅が広い。北行きが6車線、南行きが5車線の合計11車線もある。ここは**2号**と神戸ポートターミナルを結ぶ交差点であるだけでなく、六甲《ろっこう》アイランドから摩耶埠頭《まやふとう》を通る港湾幹線道路、阪神高速3号神戸線、浜手《はまて》バイパスが集まる交通の要衝なのだ。

テーマ別国道セレクション　実延長の最短ベスト5

国道番号	実延長	区間	概要
174	約0.2km	神戸県兵庫港～兵庫県神戸市	車線数は上下合わせて11車線と広い
189	約0.4km	山口県岩国空港～山口県岩国市	在日米軍基地を起点とする
130	約0.5km	東京都東京港～東京都港区	起点からはレインボーブリッジが見られる
198	約0.6km	福岡県門司港～福岡県北九州市	国の重要文化財である門司港駅の目の前の道
177	約0.7km	京都府舞鶴港～京都府舞鶴市	重要港湾と漁港が隣接する唯一の国道

2号と接する北側はルミナリエの会場としても知られる東《ひがし》遊園地。**174号**の東側は「みなとのもり公園」という緑地になっていて、国道が2つの公園の接点ともなっている。

　南西側には神戸税関のレトロな建物がある。現在の庁舎は3代目で、1927（昭和2）年に建てられた2代目の外観をそのまま引き継いだもの。船をイメージさせる重厚で趣のある建物で、映画『海賊とよばれた男』や『日本のいちばん長い日』などのロケにも使われた。

　東隣にはゴシック様式の洋風建築「デザイン・クリエイティブセンター神戸（KIITO）」もあり、レトロ建築巡りや歴史探索も楽しめるエリアとなっている。

国道 32 ROUTE
国道 33 ROUTE

日本橋、梅田新道の7国道より多い、8国道が高知市に集結！

多くの国道が集まる交差点としてよく話題にのぼるのは、東京の日本橋と、大阪の梅田新道交差点ではないだろうか。いずれも7本の国道の起終点となっている。

ところが、これを上回る数の国道が集まる交差点が2カ所もある。しかも、それは首都圏でも京阪神でもない、新潟県新潟市の本町《ほんちょう》交差点と、四国の高知県高知市にある県庁前交差点だ。

東西の代表的な交差点

最も多くの国道が集まる交差点としてよく知られているのは、江戸時代から五街道の出発点となっていた日本橋だろう。

江戸と各地方を結ぶ主要な街道として、東海道、甲州街道、奥州街道、日光街道、中山道の5つの街道が順次整備されていった。1604（慶長《けいちょう》9）年、江戸幕府によって「日本橋がこれらの道の起点である」と定められ、現在も日本橋の中心には「道路元標」が設置されており、**1号**、**4号**、**6号**、**14号**、**15号**、**17号**、**20号**の7本の国道の起点であることを示している。

これに対して、西日本の道路網の原点となっているのが、大阪市北区の梅田新道だ。十字交差で4方向に道が延びているが、それぞれ**1号**、**2号**、**25号**、**176号**の起点、終点となっている。

さらに、**26号**、**163号**、**165号**も重複区間としてこの交差点に集まっており、日本橋と同じく「道路元標」も設置されている。

新潟と高知に集結する起点、終点

ところが、この2地点を上回る8本の国道の起終点となっているポイントが、新潟と高知。なぜか地方都市なのだ。

新潟の場合は、本州における日本海側で最大の都市であり、阿賀野川《あがのがわ》、信濃川《しなのがわ》という大河も流れている。古来、道は川に沿って発展してきた例が多いので、主要な道が多くても不思議はない。

さらに、新潟の発展に大きく寄与した大物政治家の影響も否定できない。

「日本列島改造計画」をブチ上げ、鉄道と道路の交通網を全国に広げて、人とモノの流れをつくろうとした田中角栄《たなかかくえい》その人。「コンピュータ付きブルドーザー」とも呼ばれた頭脳と行動力で、地方都市の活性化に力を入れた。その剛腕によって、多くの国道が新潟へと引かれたのは、たんなる都市伝説ではないはずだ。

高知市に8本の国道が集まる理由

一方、高知市にはそのような派手なエピソードはない。四国の主要都市といえば、高松市、徳島市、松山《まつやま》市と、軒並み本州に近い側。

一方の高知市は、太平洋側で唯一の大都市で、周辺には同じような規模の都市が存在しない。基本的に、国道とは大都市を結ぶものという道路法の定義があるため、必然的に多くの国道が高知市へと向かうことになったのだ。

四国の国道は、2桁が徳島市〜松山市を結ぶ**11号**、神戸市〜徳島市の**28号**、岡山市〜高松市の**30号**、高松市〜高知市の**32号**、高知市〜松山市の**33号**、徳島市〜高知市の**56号**の6本。3桁になると合計21本ある。

そのうち、**32号**、**33号**、**55号**、**56号**、**194号**、**195号**、**197号**、**493号**の8国

32号と192号の重複を示す国道標識（徳島県三好市）

道が、高知市の県庁前交差点を起終点としている。

名目上は8本の起点、終点だが、実際に標識が出ているのは**32号**と**33号**のみ。

32号は香川県高松市を起点とし、高知市の県庁前が終点。**33号**は県庁前が起点で、愛媛県松山市の市役所前が終点となっている。

この2本以外の6国道は、法律上は県庁前まで延びていることになっているが、実際には、ほかの若い番号の国道と重複している。具体的には、県庁前交差点から西側に向かうものはすべて**33号**、東側に向かうものはすべて**32号**と重複している。

また、四国の国道、とくに**193号**や**439号**などは、しばしば「酷道」と評され

テーマ別国道セレクション 重複国道5選

国道番号	場所	概要
24 165 166 169	奈良県 橿原市	約700mの区間で4つの国道が重複
105 107 108	秋田県 由利本荘市	歩道橋には横一列に3枚の国道標識が並ぶ
121 352 400	福島県 南会津町	3つの国道標識が縦一列に並ぶ
493 55	高知県 高知市	重複区間が50km以上もある
1 15	東京都 日本橋	2つの縦並びの国道標識では下が1号の標識になっている

るが、2本の幹線国道である**32号**、**33号**ですら、山間部では、つづら折りの険しい区間がある。

32号でさらにいえば、香美《かみ》市土佐山田町《とさやまだちょう》から南国《なんこく》市までの間はカーブが何度も出てくることがあり、とくに根曳峠《ねびきとうげ》は急カーブが非常に多いので、四国の「酷道」のすごさを体感することができる。しかし、山間部が多く、道が険しいが、景観が美しいということも忘れてはならない。

32号が通過する三好《みよし》市では、国の天然記念物、名勝に指定されている渓谷、大歩危《おおぼけ》・小《こ》歩危《ぼけ》の沿線を走り抜けられるのも魅力だ。とくに秋の時期には紅葉で真っ赤に染まるので、走っていて気持ちがいい。

国道
25
ROUTE

高規格自動車道「名阪国道」の魔のカーブと、並行する酷道「非名阪」の謎

「名阪《めいはん》国道」といえば、名古屋の「名」と大阪の「阪」からつけられた名で、当然、名古《なご》屋《や》と大阪を結ぶ道路だと思うのが一般的ではないだろうか。

だが、**25号**は愛知県を起点とせず、三重県四日市市なのだ。四日市市の主要幹線、**23号**との交点である大里町《おおざとちょう》交差点が起点で、大阪市北区の梅田新道交差点が終点。三重県、奈良県の主要部を経由し、近畿地方を東西に貫く主要幹線だ。

西側は古代から大坂と奈良を結んでいた「奈良街道」にあたる。奈良〜四日市間は「大和《やまと》街道」で、６７２（弘文《こうぶん》天皇元）年の「壬申《じんしん》の乱」のときに大海人皇子《おおあまのおうじ》（のちの天武《てんむ》天皇）が東進したコースともいわれている。

総延長２３０・４㎞のうち、三重県亀山《かめやま》市から奈良県天理《てんり》市の間の約73㎞は無料の自動車専用道路になっている。この部分が通称「名阪国道」と呼ばれており、東名阪《ひがしめいはん》自動車道と西名阪《にしめいはん》自動車道の間をつなぐ高速道路としての役割を担っている。

近畿圏と東海圏を結ぶ主要幹線として、名神《めいしん》高速道路を北ルートとすると、名阪国道は

南ルートであり、名古屋〜大阪間の最短ルートともなっている。

この自動車専用道路部は、名神高速にまさるとも劣らないインフラを持つ道路で、全区間4車線（片側2車線）、125cc以下の自動二輪は通行できない。

最高速度は時速60㎞、一部区間では時速70㎞に設定されているが、両端が高速道路からつながっているため、時速100㎞くらいで走行している車も少なくない。

ただ、一般的な高速道路と比べると、インターチェンジの数が多い。有料道路ではないため料金所を設置する必要がなく、区間中30カ所ものインターチェンジがあるおかげで、出入りがしやすい。

スペックからすると、欧米のフリーウェイに匹敵する道路である。

事故多発の通称「魔のΩカーブ」

高速代が浮くこともあって人気の名阪国道だが、大型車が多く、坂道やカーブが続くため、ほかの高速道路と比べて「怖い」と感じるドライバーも少なくない。

実際、2004（平成16）年、地元の奈良県警が「名阪国道は、全国の高速道路・自動車専用道路中、1㎞あたりの死亡事故発生件数が日本一」と発表。

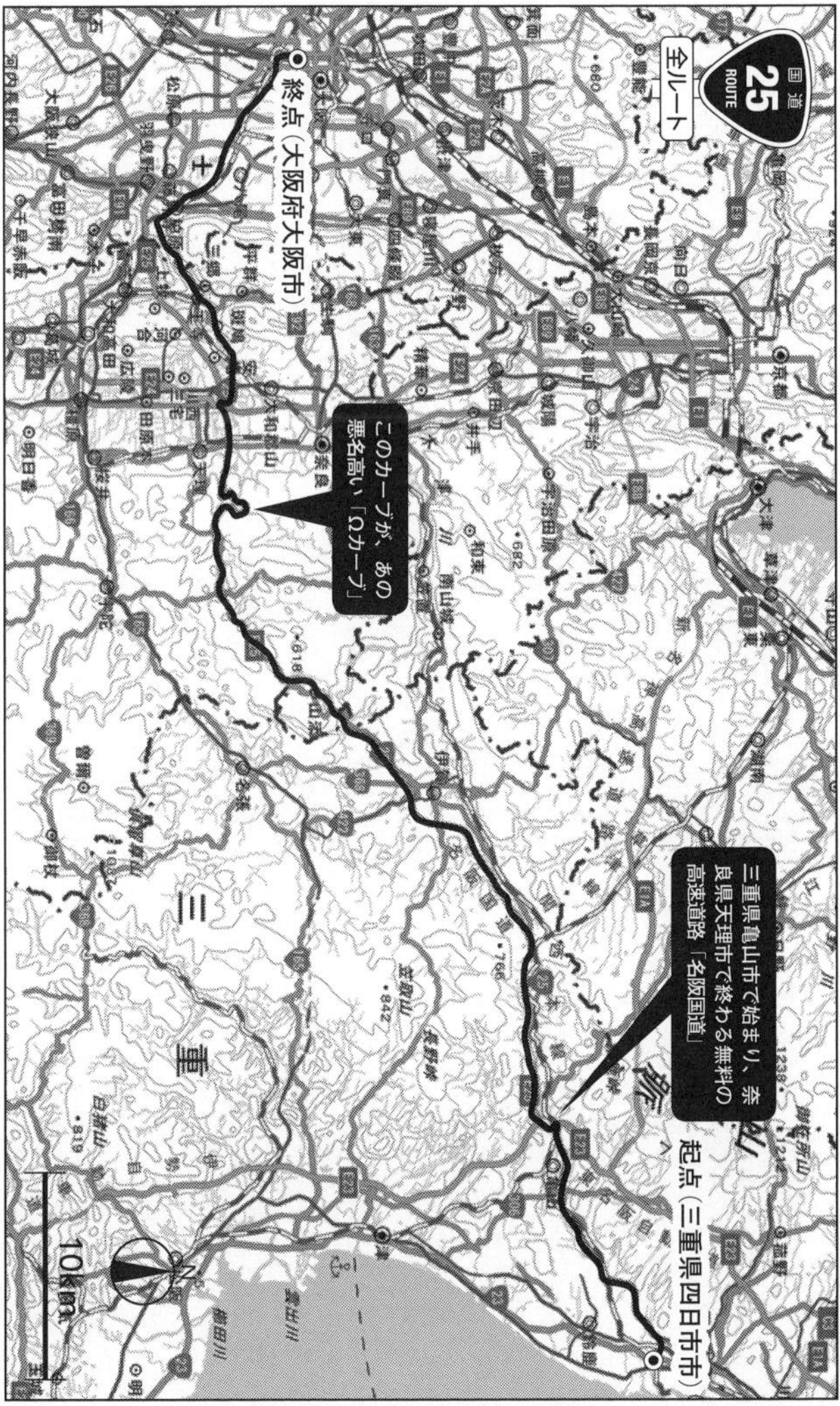
国道
25
ROUTE
全ルート
終点（大阪府大阪市）
このカーブが、あの
悪名高い「Ωカーブ」
三重県亀山市で始まり、奈
良県天理市で終わる無料の
高速道路「名阪国道」
起点（三重県四日市市）
10km

名阪国道の天理東《てんりひがし》インターチェンジから福住《ふくずみ》インターチェンジにかけて、急カーブと急勾配が連続する区間は「Ωカーブ《オメガ》」と呼ばれている。

地図で見ると、形状がギリシャ文字の「Ω」に似ているためだが、この区間は非常に事故率が高いことで知られている。

日本の代表的な自動車専用道路7路線について、死亡事故発生件数と供用距離の関係を分析したデータにもとづくもので、事故発生の総数では東名《とうめい》、名神高速が圧倒的に多いものの、1㎞あたりの発生件数で見ると、名阪国道のΩカーブ部分が群を抜いて多い。

Ω型部分は最小曲率半径150m。急峻な高度差を大きなカーブで回避するためのものなのだが、平均勾配4・5%もの急坂が延々10㎞も続くため、重大事故が起きやすい状況になっている。三重県側から大阪方面に向かう場合は下り坂になるので、ついオーバースピードになりがち。走行する場合には十分注意されたい。

「非名阪」と呼ばれる区間とは？

高速道路と遜色《そんしょく》のない名阪国道は、大動脈と呼ばれるだけあって、すっきりとムダのないラインが引かれている。

一般国道ながら高規格道路のように走りやすい「名阪国道」(奈良県天理市〜奈良市)

「名阪国道」と並走する旧道"非名阪"は三重県亀山市〜奈良県天理市間

だが、地図をよく見ると、その太いラインにつかず離れず、まとわりつくような感じで並走する旧道が書かれている。実は、それも**25号**である。

1962（昭和37）年の名阪国道制定に伴って国道に編入された区間なのだが、2桁国道でありながら、名阪国道とはあまりに落差が大きく、**25号**の国道標識に導かれて通ってみようと思ったドライバーは驚くこと請け合いである。

奈良県東部の険しい山岳地帯を通っているため、急勾配、急カーブが連続する。乗用車同士ですらすれ違い困難な狭隘部もある。

1・5車線レベルの道幅の2桁国道など、そうそうあるものではない。かと思えば、県道にブチ当たって「止まれ」標識。県道と出合って一時停止させられる2桁国道も珍しいだろう。

突っ込むのを一瞬ためらうような狭いトンネルあり、高さ制限がある鉄道のガード下あり。舗装状態がとても国道とは思えないワイルドなパートも多く、激しく揺れる車内でハンドルを押さえつけながら、「3桁国道以下だ！」と舌打ちしたくなるかもしれない。

そのような現状を知っているドライバーたちが、「名阪酷道」「非名阪」と呼ぶようになったそうである。

国道
16
ROUTE

起点と終点が同じ場所にある！首都圏外周を回る「東京環状」

東京で「環状線」といえば環七《かんなな》通り、環八《かんぱち》通りが有名だが、「東京環状」という名称で呼ばれているのは、首都圏近郊をグルリと巡る総延長341・1kmの**16号**のこと。

神奈川県横浜《よこはま》市西区の高島町《たかしまちょう》交差点を起点に、相模原《さがみはら》市、東京都町田《まちだ》市、八王子《はちおうじ》市、昭島《あきしま》市、埼玉県川越《かわごえ》市、さいたま市、春日部《かすかべ》市、千葉県柏《かしわ》市、千葉市、木更津《きさらづ》市を経由し、海上区間を経て横須賀《よこすか》市を通り、もとの高島町交差点が終点と、首都圏を一周している。

ちなみに、日本で起点と終点が同一で、ループ状になっている国道は、名古屋の**302号**とこの**16号**の2路線のみ。

環七、環八とともに、東京都心部からの距離の基準にもなっていて、直線距離でおよそ30〜40kmである。

首都圏近郊だけに通行量は非常に多く、交通渋滞は日常的。また、道路に面して大手の飲食チェーン店が軒を連ね、大型ショッピングモールが点在。高度経済成長期以後に展開したロードサイド文化の典型のような光景が広がっている。

1号と16号との重複区間（横浜市西区）

歴史ある道をあちこちつないで……

16号は、歴史的に見ると横浜〜横須賀間と、それ以外の部分で成立経緯が異なっている。

横浜から横須賀の間が国道に指定されたのは1887（明治20）年。勅令により、各地の鎮守府に至る道路を国道とすることが決められ、「国道**45号**」に指定。現在の**15号**（当時の**1号**とほぼ同じ）と重複し、同路線を延長するものだった。

また、横浜から千葉県富津《ふっつ》市にかけても、江戸時代から往来の多い道が通じていた。そこで、横浜市から千葉市に至る「二級国道**129号**」、千葉市から木更津市が「二級国道**127号**」として国道に指定。

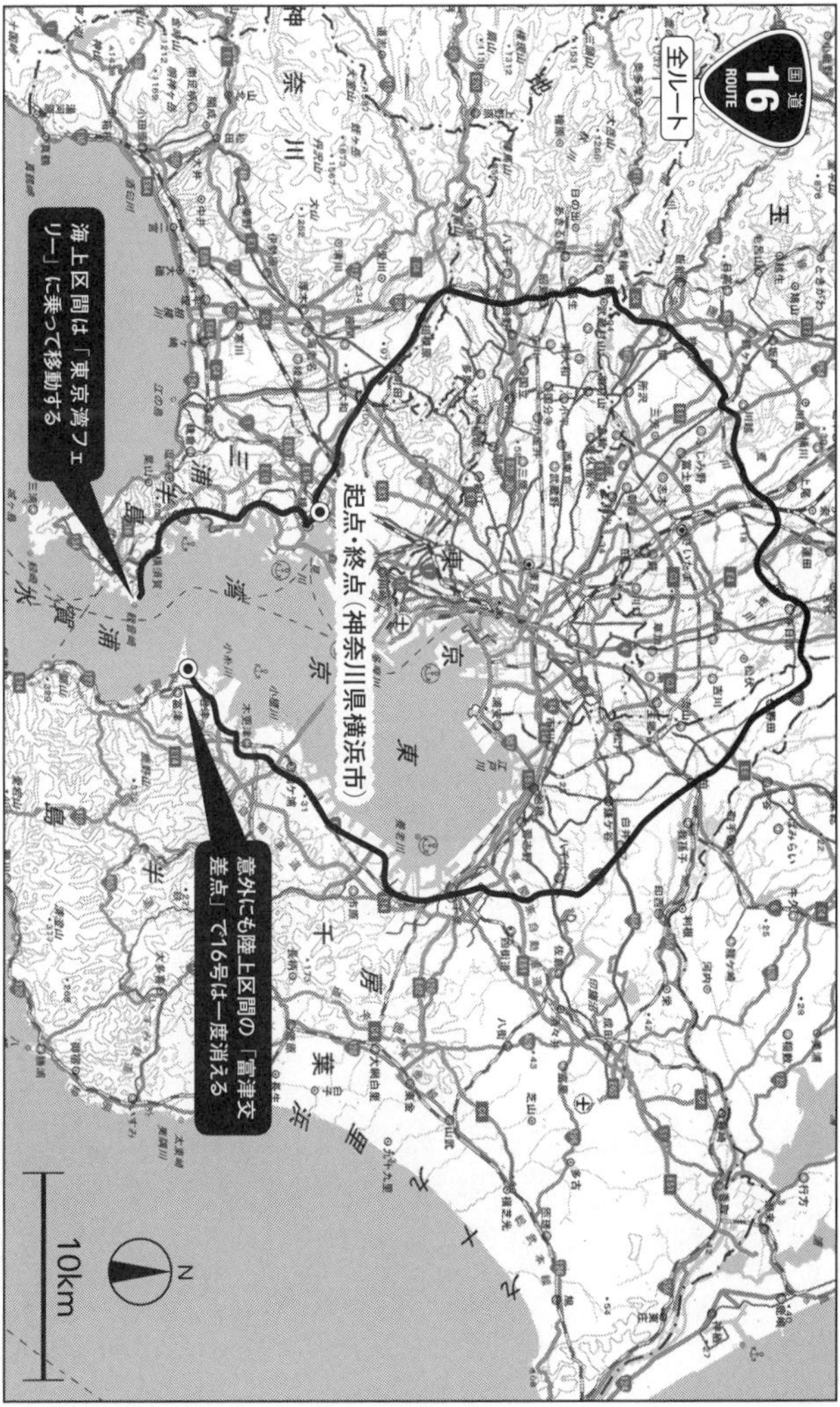
国道
16
ROUTE
全ルート
起点・終点（神奈川県横浜市）
海上区間は「東京湾フェリー」に乗って移動する
意外にも陸上区間の「富津交差点」で16号は一度消える
N
10km

1963（昭和38）年の路線変更により、**127号**の一部と**129号**を統合して**16号**とし、同時に横須賀市〜同市走水《はしりみず》間と木更津市〜富津市間も国道指定された。千葉〜神奈川間の浦賀《うらが》水道を未供用の海上区間として、横浜市を起点、終点とする環状道路になったのである。

環状国道は一周できるのか？

さて、「環状国道」といわれながら、分断区間のある**16号**は一周できるのか。

実際の道路は、千葉県側では富津岬で、神奈川県側は横須賀市の外れの走水あたりで道が途切れてしまう。

法律上は「未供用延長」という位置づけで、路線指定はされているものの、供用開始の告示がなされていない区間の延長ということになっている。

首都圏近郊を結ぶ主要幹線道路として通行量の多い**16号**だが、木更津市から南下すると様相が変わる。片側2車線、華やかな看板を掲げた大型のロードサイド店が並ぶバイパス道路だったのが、君津《きみつ》市内で突然、地味な道に変貌するのである。

国道であることを示す〝おにぎり〟型の標識がなければ、2桁国道とはとても思えない、

金谷港のフェリー乗り場（千葉県富津市）

金谷港からフェリーで神奈川県横須賀市久里浜港に向かう

う寂しい風情となる。

陸上で終点となるのは富津交差点だ。ここから先は県道255号。管理者が変わるので、舗装の仕上げも違うのだが、よく見ないと国道が突然ここで終わるとは気づかない。**16号**は海上区間だけでなく、陸上区間から未供用区間となっているのだ。

一方、横須賀市側も裏道に入り込んだような細い道になって、走水の小さな三叉路《さんさろ》で突然国道ではなくなって、県道に切り替わる。知らずに走ってきたら、キツネにつままれたような感じになるのではないだろうか。

分断区間は、フェリーが代替交通手段になっているので、一周することはできる。

それでは、なぜ国道が突然消えるのか。

実は、かつて国道再編が行われた1960年代の初頭に、建設省（現・国土交通省）が「東京湾口《わんこう》道路」構想というものを計画していた。千葉県の富津から神奈川県の走水にかけて、東京湾をひとまたぎする巨大な橋梁を架けようという壮大なプランだった。

そのため、富津~走水間は、国道として指定はされていても、実際には供用されていない「未供用延長区間」となっていた。

採算性など多くの問題があり、計画が前に進まないまま結局、2008（平成20）年に

16号始点から0.5㎞を示す小さなキロポスト（神奈川県横須賀市）

計画は棚上げに。**16号**の海上部分は幻の道となることが確定してしまったのである。

　現在、分断されている海上区間については、神奈川県横須賀市の久里浜《くりはま》と、千葉県富津市の金谷《かなや》を結んでいる「東京湾フェリー」が代替している。

　所要時間は久里浜～金谷間が約40分、金谷～久里浜間が約35分、運航間隔はおおむね1時間。

　フェリーの船上からは、房総《ぼうそう》半島や富士山《ふじさん》が一望でき、時として豪華客船とすれ違うことも。夕刻の便を利用すれば、船上からサンセットタイムを楽しむこともできる。国道探訪ドライブに花を添えてくれること間違いなしだ。

コラム　絶滅寸前！　誤植〝おにぎり〟

国道好きの間で〝おにぎり〟といえば、食べ物ではなく、青地に白文字で、上から国道、路線番号、一番下に「ROUTE」と書かれている標識のこと。

公道に設置されるものなので、当然ながら「道路標識、区画線及び道路標示に関する命令」という法規により、大きさや形はもちろん、文字の大きさやフォントまで厳格に決められている。だが、あってはならない誤植が国道好きの間で発見されている。

その多くは「ROUTE」の文字に頻出する。たとえば、千葉県成田《なりた》市内の**51号**の、とある〝おにぎり〟は「ROUTO」。**361号**のルート上、長野県木曽《きそ》町開田《かいだ》高原《こうげん》末川《すえかわ》付近では「RUTOE」が発見されている。

この誤植は過去に国道標識が手描きで描かれていたことに起因している。もちろん、厳密なチェック工程を経ていたのだが、その網の目をかいくぐって世に出たものがあるのだ。現在はコンピュータでデザインしており、ミスは以前に比べてかぎりなくゼロに近くなった。それゆえ、〝おにぎり〟はリニューアルによって撤去される可能性があるので、発見した際には写真を撮っておきたい。

第3章
歴史を知ると面白い！「レジェンド国道」列伝

国道
1
ROUTE

１号の変遷を追っていけば、日本の近現代史が見えてくる

東京都中央区日本橋を起点に、神奈川、静岡、愛知、三重、滋賀、京都を経て、大阪府大阪市北区梅田新道交差点までを結ぶ**１号**。起点である日本橋は７本の国道のすべての起点となる場所で、梅田新道交差点にも７本の国道の起点、終点が集まっている。

この道の歴史をたどってみよう。

１６０１（慶長６）年に関ヶ原《せきがはら》の戦いで覇権を握った徳川家康《とくがわいえやす》が、朝廷や豊臣《とよとみ》家の居城がある京都や大坂との連絡を迅速に行うため、現在の**１号**である東海道を整備した。

１６０４（慶長９）年に日本橋が五街道の起点として定められた。江戸幕府には各地の文化が持ち込まれて街は大いににぎわい、物流の拠点として全国からさまざまな物資が集まり、商店が増えていった。

その中には、ツケが当たり前だった当時、「現金掛け値なし」を看板に掲げた三井越後屋《みついえちごや》呉服店（のちの三越《みつこし》）や、白木屋《しろきや》（のちの東急《とうきゅう》百貨店）、現在の日本銀行本店の地（日本橋本石町《ほんこくちょう》）には金貨を鋳造する「金座《きんざ》」が置かれるなど次々と軒を連ね、巨大な都市へと

発展した。

　また、3代将軍・徳川家光《いえみつ》が制度化した参勤交代によって江戸だけでなく宿場《しゅくば》も発展し、全国の主要な街道が次第に整備され、文化と情報が行き渡っていった。なかでも、東海道は東海、近畿、西日本の大名が参勤交代のために利用し、その大名行列が頻繁に通った道だった。

「元標の広場」にある「東京市道路元標」
(東京都中央区)

終点が大阪になったのは戦後のこと

　東京から大阪に至る日本の大動脈を結ぶ国道として有名な**1号**だが、明治、大正期は終点が大阪ではなかった。東京から大阪のルートとなったのは、1952(昭和27)年の道路法によって指定されて以来のことなのだ。

　それ以前、明治時代のルートは日

本橋を起点とし、終点は横浜港だった。これは時の明治政府が外国との交易の窓口となる開港場を重要視していたことに由来する。そのほかの1桁国道にも開港場を終点とするものが多かった。

大正時代には日本橋を起点とし、伊勢神宮を終点としていた。これは江戸期から伊勢参りがブームとなり、年間300万人を超える人が伊勢神宮を訪れていたため。

明治期に入ると落ち着くのだが、その代わりに、伊勢神宮は国家神道《しんとう》の聖地として認識される。その後、大正時代には**1号**の終点として指定されるのだ。**1号**が結ぶ場所は、その時代によって重要視されている場所が決められているのがわかる。

景観を損なわない高度な道路工事

江戸時代に五街道の起点に制定され、国道のルーツともなっている日本橋には「東京市道路元標」が設置されている。日本橋に道路元標が設置されたのは1911（明治44）年に「道路ノ等級ヲ廃シ国道県道里道ヲ定ム」によって国道、県道、里道が指定された時だ。

日本橋と道路が大きく整備されたのは1959（昭和34）年のこと。1964（昭和39）年に東京オリンピックの開催が決まり、早急な道路整備が必要となった。

東京・日本橋の車道中央にある本物の「日本国道路元標」（東京都中央区）

しかし、わずか5年では用地の買収交渉などをしていたら間に合わない。そこで既存の道路や河川上空の空間を活用し、これが日本橋の首都高速となる。上空に道路が建設され、走行性と耐震性を確保し、景観を損なわないよう柱と桁には特殊な構造を採用した。このため現地測量や工場での製造、現場での施工など、精度の高い作業が実施されている。

なお、日本橋の中央にあった「東京市道路元標」は東京都電本通《ほんどおり》線の架線柱として使用されていたが、1972（昭和47）年に行われた道路改修で、日本橋の北西詰にある「元標の広場」に移設され、国の重要文化財に指定されている。

そして「東京市道路元標」があった場所に

は「日本国道路元標」が埋め込まれた。

意外に侮れない難所の峠越え

東海道を継承する**1号**には大きな川が何本もあり、江戸時代のころは、川は渡し船やはしけで通らなくてはならず、難所であった。現代では技術が発展し、川には橋が架かっているため、難所と感じることはなくなった。

しかし、江戸時代も現代も過酷な道は峠道である。とくに標高846mの箱根《はこね》峠は唱歌『箱根八里《はちり》』で「箱根の山は天下の嶮《けん》　函谷関《かんこくかん》ものならず」と歌われるほど。

また、鈴鹿峠は標高は357mであるが、三重県側の高低差が急激であることや気象の変化が激しいことから、「国道**1号**有数の難所」といわれている。

なお、**1号**は東海道をほぼ踏襲しているが、大きくそれている場所もある。明治維新後に新しい道ができて、旧東海道の上に建物ができたりして通れなくなったり、くねくねと曲がった東海道が不要になり、整地して部分的に道路を新設しているためだ。神奈川県箱根町の湯本《ゆもと》から箱根峠を結ぶ箱根新道も、交通を改善するためにつくられている。

さまざまな歴史を経て、現在の便利な**1号**を走ることができているのだ。

テーマ別国道セレクション 個性派の橋5選

橋名	国道番号	区間	概要
アクアブリッジ	409	神奈川県川崎市〜千葉県木更津市	約4.4kmと日本最長の橋
上江橋	16	埼玉県川越市〜埼玉県さいたま市	国道にある河川の橋としては最長の約1.6km
雷電廿六木橋	140	埼玉県秩父市	グッドデザイン賞を受賞しているループ橋
平戸大橋	383	長崎県平戸市	橋全体が朱色で、青い海とのコントラストは圧巻
河津七滝ループ橋	414	静岡県河津町	二重らせん構造のような形の全長約1kmのループ橋

高度な技術を用いて建設された東京・日本橋（東京都中央区）

国道
333
ROUTE

たった8カ月で160㎞建設！過酷な労働条件下でつくられた国道

北海道旭川《あさひかわ》市を起点にして北海道北見《きたみ》市まで、北海道の雄大な自然の中を走り抜ける**333号**。全長4110mの長さを誇る新佐呂間《しんさろま》トンネルや、雪国ならではの縦型の信号機、標高857mの北見峠のほか、旭峠《あさひとうげ》、ルクシ峠、端野峠《たんのとうげ》といった4つの峠がある。

ほかにも、緑の大きな三角形の建物が特徴の「道の駅まるせっぷ」や、24時間使用できる休憩スペースが確保された遠軽《えんがる》町奥白滝《おくしらたき》にある「道の駅しらたき」、その周辺には白滝高《こう》原《げん》キャンプ場や北大雪《きたたいせつ》スキー場などの施設が点在する。

網走《あばしり》に行けば、網走刑務所として実際に利用されていた建物群の一部が移築、または再現した博物館網走監獄や、オホーツクの流氷などが見られ、観光地としてもにぎわいを見せる土地だ。

ほかにも海鮮の宝庫である網走のクジラやホタテ、シジミ、スケトウダラなど、グルメの視点でも豊富な地域で、総延長169・9㎞の道のりは、北海道ならではの景色を楽しむことができる。

国道
333
ROUTE
全ルート
起点（北海道旭川市）
北見峠には「中央道路開削殉難者慰霊の碑」が置かれている
遠軽町～佐呂間町間をつなぐ「旭野トンネル」。開通によって旭峠の「酷道」区間は解消された
終点（北海道北見市）
石狩山地
N
10km

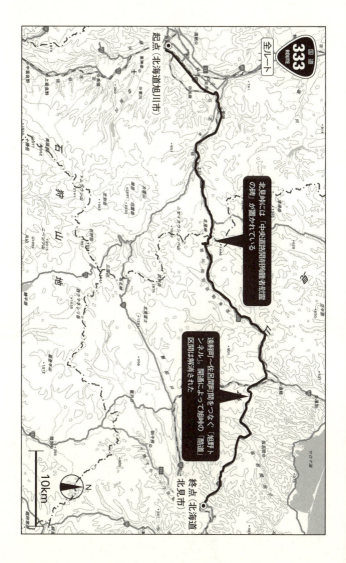

しかし、今でこそ景色を楽しんだり、整備されて快適に走行できる道となっているが、この**333号**がつくられた歴史には悲しい過去が残されていた。

北海道開拓の基盤を囚人が担う

1891（明治24）年に網走から北見峠までの間につくられた中央道路は、明治時代の北海道で南下政策をとるロシアと対抗するための軍用道路。

北方からのロシアの脅威に備える必要があったため、明治政府は北海道の開拓を一刻も早く進めなければならなかった。

そこで、国防上の最優先課題は道央の軍事拠点である旭川からオホーツク海に面する網走をつなぐ中央道路の建設であると考えられた。

北海道といえば、寒さが厳しく、旭川も北見も冬の最低気温はマイナス10℃を下回る。積雪も多いため工事ができる期間は短い。また、道路がないので資材の運搬に非常に時間がかかり、1本の国道を建設するために30年、40年を費やすことも珍しくない。そのような状況にもかかわらず、中央道路は160㎞の道のりを8カ月でつくったというのだから、どれだけのスピードだったかわかるだろう。この道路を建設するにあたり、労働力の確保

北海道上川町で273号と合流する

今では舗装が整い、北海道の自然を満喫できる333号（北海道遠軽町）

が大きな問題であった。

しかし、なぜこんなにも工事が早く進んだのか。それは、当時の明治政府の太政官大書記官《だじょうかんだいしょきかん》・金子堅太郎《かねこけんたろう》が道路の敷設に囚人を使うことを提案したからだ。

開拓のための道とはいえ、原始林を切り拓くところからの作業を民間に頼めば賃金が高くなる。

通常なら1日40銭の賃金が、囚人なら18銭だから半分以下ですむし、作業で死んで囚人の数が減れば監獄費の節約にもなるという考えも当時はあったようだ。

そこで、釧路集治監《くしろしゅうじかん》網走分監（現・網走刑務所）と、空知《そらち》集治監の囚人約1000人を使役《しえき》して建設が始まった。当時の網走の監獄には、凶悪犯罪者のほかに、現在では罪に問われないような自由民権運動の思想犯もいたが、ほかの囚人と同じように極めて過酷なものであった。

人跡未踏の道なき道を開拓

厳しい気候の中で道なき道を進み、斧《おの》を振りかざして大木を切り倒し、ヒグマが行き来する原生林を人力のみで切り拓く。土砂や切り株をモッコ（縄などを網状に編んだ運搬用具)に入れて担ぎ、夜にはカガリ火を焚《た》きながらの重労働。

囚人たちの後ろには、サーベルや長棒を携帯した看守がおり、逃亡を防ぐために、囚人は2人ずつ鉄の鎖でつながれながら作業を行った。

体にはヤブ蚊《か》やヌカ蚊の大群が襲来し、ろくに食事も与えられないまま、朝早くから夜遅くまで働くという過酷なもので、栄養不足からのビタミンD欠乏症のひとつである脚気《かっけ》や、不衛生な環境であったため、風土病などで死亡者が続出した。

逃亡を企てて看守に抵抗しようとした者は見せしめのために惨殺され、現場は囚人たちのうめき声が響いていたという。

犠牲者は200名以上にものぼり、惨殺された者も病死者も、死体は路傍に埋められた。その目印として鎖が墓標のそばに置かれ、囚人たちの墓を「鎖塚《くさりづか》」、この道は「囚人道路」と呼ばれるようになった。また、遠軽町〜上川町間の北見峠には、この道路工事のために亡くなった囚人を弔うための慰霊碑が置かれている。現在ではカーブがきつく、事故が多かった区間を改善したり、ガードレールが設置されるなど、修繕を重ねて、道はずいぶん走りやすくなっている。

北海道の開拓の基盤を陰で支えた囚人の存在があって、便利な今につながっているのだ。

国道
231
ROUTE

幾度となくトラブルに見舞われた道路の建設費は、なんと591億円！

日本海に沿って北海道札幌《さっぽろ》市から留萌《るもい》市をつなぐ**231号**。石狩《いしかり》市から留萌市までの区間は「日本海オロロンライン」と呼ばれ、北海道の雄大な景色が広がる。とくに日本海に浮かぶ利尻島《りしりとう》にある利尻山《りしりざん》や、サロベツ原野のどこまでも続きそうな地平線が見られるのは北海道ならでは。

海沿いを走ると磯の香が漂い、留萌市にある黄金《おうごん》岬など、日本海側の多くの箇所で海に沈む夕日が見ることができる。ほかにも重要文化財「旧花田家番屋《はなだけばんや》」（鰊《にしん》番屋）がある「道の駅おびら鰊番屋」、風力発電がシンボルになっている「道の駅風W《ふわっ》とままえ」、利尻富士《りしりふじ》を眺めながら入浴が楽しめる岬《みさき》の湯《ゆ》、日本海に浮かぶ利尻富士や天塩川《てしおがわ》の自然を一望できる「てしお温泉夕映《ゆうばえ》」など、ドライバーには人気の場所である。

陸の孤島への通年通行は平成に入ってから可能に

このルートで、石狩市浜益《はまます》区～増毛《ましけ》町にある雄冬《おふゆ》岬は、日本海沿いの厳しい断崖絶壁に

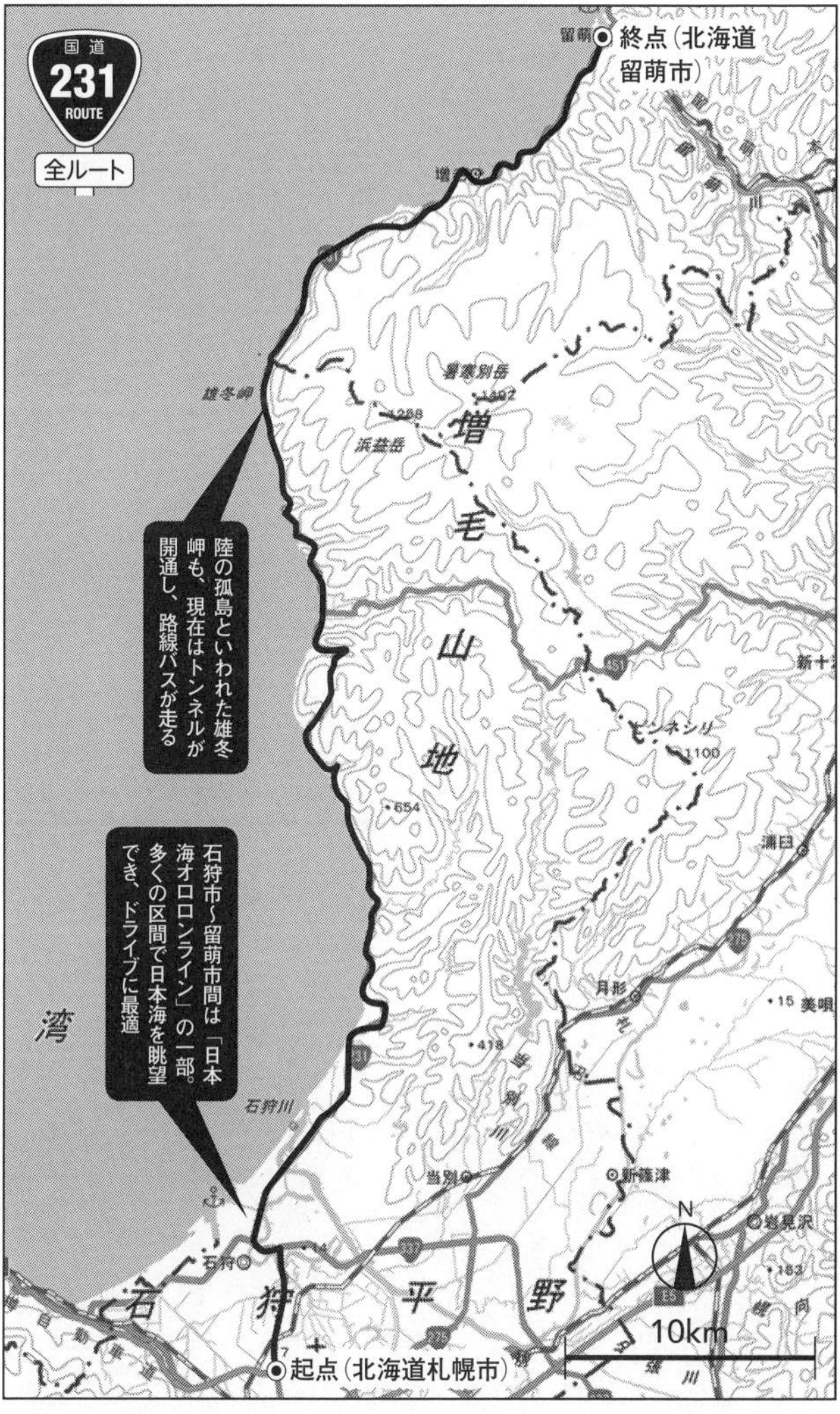
国道
231
ROUTE
全ルート
終点（北海道留萌市）
起点（北海道札幌市）
陸の孤島といわれた雄冬岬も、現在はトンネルが開通し、路線バスが走る
石狩市〜留萌市間は「日本海オロロンライン」の一部。多くの区間で日本海を眺望でき、ドライブに最適
増
毛
山
地
石
狩
平
野
湾
雄冬岬
浜益岳
暑寒別岳
ピンネシリ
1100
654
418
石狩川
当別
新篠津
石狩
浦臼
月形
美唄
岩見沢
N
10km

ある。そのため、雄冬岬周辺にある雄冬集落と外部との連絡には船が使われていた。当時、増毛側から山側に大きく迂回する全長27・8㎞のケモノ道（増毛山道）が増毛と浜益をつなぐ道であったが、冬になると積雪によって通行が不可能となった。

しかし、外部との連絡がまったくできなかったわけではなく、増毛～雄冬間を1日1往復のみ、定期船が片道2時間強で運航されていた。これもシケで休航することがあり、雄冬岬は訪問が困難なことから「陸の孤島」と呼ばれ、「北海道三大秘岬《ひきょう》」のひとつ（あとの2つは室蘭《むろらん》市の地球《ちきゅう》岬、根室《ねむろ》市の落石《おちいし》岬）であった。

インフラの整備も道内では最も遅く、電話回線の自動化が完了したのは1978（昭和53）年のことだった。

北海道開発局が20年以上かけて、**231号**となる浜益～雄冬間を開通させたのは、1981（昭和56）年11月のこと。しかし、喜びも束の間、その1カ月後の12月に、雄冬岬トンネルで大規模な崩落事故が発生し、国道は通行不能。雄冬集落は再び陸の孤島となってしまった。

復旧工事が無事完了しての再度の開通は1984（昭和59）年5月まで待つことになる。

一方で、冬期の増毛～雄冬間の通行ができない状態は変わらずに続いていたが、1992

陸の孤島といわれていた雄冬につながる「雄冬トンネル」（北海道石狩市）

（平成4）年に**231号**が全線開通し、増毛～雄冬間の通年開通が可能になった。

その後、2008（平成20）年には留萌管内増毛町岩尾《いわお》（留萌市側の湯泊《ゆどまり》第2覆道《ふくどう》入口）で大規模な落石が発生。1300トンもの土砂崩れが起き、国道をふさぐことになる。スクールバスなどの運行ができず、住民の生活に大きな影響をおよぼした。

「ダイヤモンド道路」と称される理由

北海道南部、**336号**の、えりも町庶野《しょや》地区から広尾《ひろお》町までを結ぶ約33・5㎞は「黄金《おうごん》道路」と呼ばれている。トンネルや海岸の埋め立て、崖を削るなどの難工事で、完成まで7年が費やされ、黄金を敷きつめられるほど建設に莫大《ばくだい》な費用がかかったとして、「黄金道路」と呼ばれるようになった。一方で、**２３１号**は通称「ダイヤモンド道路」。黄金より高価格のダイヤモンド。はたしてどれくらい費用がかかったかというと――。

石狩管内の浜益〜雄冬間は約３８１億円、留萌管内の雄冬〜増毛間は約２１０億円。合わせて約５９１億円にもなる。

雄冬岬周辺は高さ１００m前後の絶壁ゆえに工事は困難を極めた。船で運ばれた資材は、荒波が打ち寄せる断崖に基地が設けられ、その基地を拠点にして少しずつ延ばしていく方法がとられた。

そのため、千代志別《ちよしべつ》〜雄冬間の５・５㎞に１２３億８０００万円がかかり、１９９２（平成４）年には歩古丹《あゆみこたん》〜別苅《べつかり》間の別ルートが開通するも、落石や土砂崩れによって莫大な維持費がかかっている。

開通が生活改善と観光客を呼び込む

この国道が開通したことで、雄冬には路線バスが乗り入れるようになった。留萌市と増毛町を結ぶ留萌別苅（増毛）線は１日12往復し、留萌市立病院や留萌駅、留萌税務署などに

テーマ別国道セレクション 費用や期間がスゴかった5選

国道番号	区間	概要
231	北海道石狩市～北海道増毛町	5.5kmの区間に123億8000万円の建設費がかかった
327	宮崎県日向市～宮崎県椎葉村	住友財閥が約100億円を県に寄付して道路を整備させた
409	神奈川県川崎市～千葉県木更津市	総事業費1兆4400億円をかけて建設された東京湾アクアライン
2	福岡県北九州市～山口県下関市	21年の歳月を経て完成した関門トンネルは当時の金額で約57億円かかった
140	埼玉県秩父市～山梨県山梨市	国道指定から半世紀経ったあと、事業費447億円をかけてトンネルを開通

接続。元川町《もとかわちょう》では札幌から留萌、羽幌《はぼろ》を経て豊富《とよとみ》をつなぐ高速乗合バス「特急はぼろ号」に接続するため、住民の足としてグッと便利になっていった。

近年は雄冬防災事業として「太島内《ふとしまない》トンネル」「新赤岩《しんあかいわ》トンネル」「浜益トンネル」「新送《しんおくり》毛《げ》トンネル」の4つのトンネルの開通によって地域の住民に多大な利便性をもたらすことになる。

ほかにも四季それぞれ、朝夕に変化する自然の美しさで道内有数の景勝地として脚光を浴び、整備された雄冬岬の展望台にある岩石《がんせき》公園や、国道沿いにある白銀《しらがね》の滝《たき》などがドライブルートとなって多くの観光客が訪れるようになっている。

国道
6
ROUTE

銅山の発見に伴って発展した町で、無理やりつくった海上の道!?

東京都中央区日本橋から千葉県北西部を経て、茨城県や福島県の太平洋沿いを通って宮城県仙台《せんだい》市をつなぐ総延長439・9kmの**6号**。

この**6号**には地域によってさまざまな呼び名がある。

たとえば、東京〜水戸《みと》の区間は別名・水戸街道。これはもともと江戸の千住宿《せんじゅしゅく》と水戸藩の城下町である水戸をつなぎ、水戸徳川家が江戸に登城するために整備された道で、20もの宿が並ぶ五街道のひとつ。

この名称が時代を経て、現在も受け継がれている。

ほかにも東京都港《みなと》区から台東《たいとう》区に至る道路を中央通り、東京都千代田《ちよだ》区から台東区に至る道路は江戸通り、東京都文京《ぶんきょう》区本郷《ほんごう》の本郷弥生《やよい》交差点から台東区言問橋《ことといばし》に至る道路は言問通り、東京都荒川《あらかわ》区から宮城県岩沼《いわぬま》市に至る区間は陸前浜《りくぜんはま》街道、いわき市内の**6号**のバイパスは「いわきサンシャインロード」と呼ばれている。

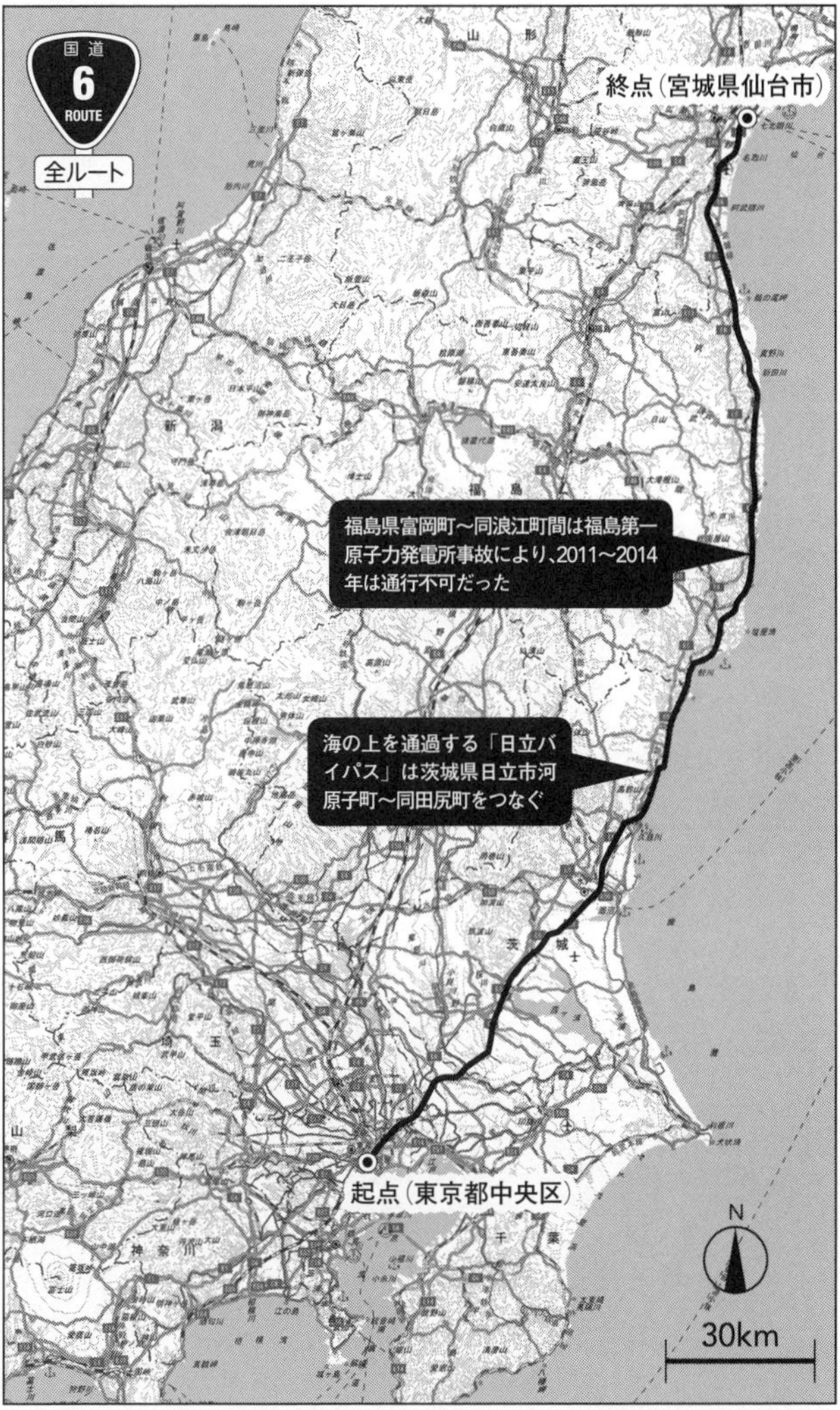
国道
6
ROUTE
全ルート
終点（宮城県仙台市）
福島県富岡町〜同浪江町間は福島第一原子力発電所事故により、2011〜2014年は通行不可だった
海の上を通過する「日立バイパス」は茨城県日立市河原子町〜同田尻町をつなぐ
起点（東京都中央区）
N
30km

やむをえず海上にかけられた道

この「いわきサンシャインロード」の一部が海の上を走っていることをご存じだろうか。

一般的に、海の上を走る国道というと、山口県下関市〜福岡県北九州市を結ぶ関門国道トンネル（**2号**、80ページ参照）や、愛媛県伊方《いかた》町の三崎《みさき》港から大分県大分市の佐賀関《さがのせき》港を結ぶ国道九四《きゅうし》フェリー（**197号**）を思い浮かべるかもしれない。

国土交通省によると、〈一般に地上につくられた道路あるいは構造物（橋や海底トンネル）は無くても、フェリーボートなどによって、道路と道路とを結ぶ1本の交通系統としての機能があると判断できれば、国道とすることができる〉とある。

そのためフェリーなどの航路でも海上を渡る国道というが、それだけでなく、地形によって海の上を走ることになった国道というものも存在する。

たとえば、静岡県焼津《やいづ》市から静岡市にかけて海沿いにつくられた旧**150号**（現在は静岡県道416号静岡焼津線）の一部は海の上に橋がかけられていたが、現在は廃道となっている。

高速道路でいえば、北陸自動車道の新潟県の親不知《おやしらず》インターチェンジ付近も道路が一部、海の上にはみ出している場所がある。

なかなかお目にかかれない「管理境界」の標識（茨城県水戸市）

渋滞解決のカギとなった「日立バイパス」（茨城県日立市）

現役の国道にもそのような場所はあるのだろうか。これが茨城県日立市《ひたち》河原子町《かわらごちょう》～同田尻町《たじりちょう》を結ぶ**6号**日立バイパスにあった。海中に橋脚を立てて道路がつくられている区間があるのだ。

日立バイパスは、なぜこの場所に国道をつくったのだろう。

日立鉱山の発展が道をもつくる

日立市は日本でも有数の工業都市として知られ、日本四大銅山のひとつ日立鉱山が市の発展を支えていた。この地域は関東平野がちょうど終わり、阿武隈《あぶくま》山地が始まるところに位置することから、平野がほとんどないのだが、ここに銅山が発見されたことで、人口20万人規模の都市ができあがった。その急激な発展に伴い、深刻な問題となっていたのが交通渋滞であった。

人口の急増や、大型車が多数行き交うようになったことで、**6号**は慢性的に渋滞を起こしていた。

しかし、拡幅しようにも、もともとわずかしかない平野部は、すでに工場や住宅街で埋め尽くされ、バイパスをつくるスペースが見当たらない。

そこで、海の上に国道をつくったのだ。橋長1160mの海上橋梁として旭《あさひ》高架橋が建設されることになったのだが、ルートの調整や漁業権の補償問題などで、建設は難航。完成したのが2008（平成20）年である。日立鉱山の閉山が1981（昭和56）年であるから、ずいぶん時間がかかっている。

日立鉱山の話にも触れよう。日立鉱山は主に銅と硫化鉄鉱を産出し、1905（明治38）年以前は赤沢《あかざわ》銅山と呼ばれる小鉱山であったが、藤田組《ふじたぐみ》の小坂《こさか》鉱山（秋田県鹿角《かづの》市）所長であった久原房之助《くはらふさのすけ》が買収し、日立鉱山として開業して以降、大きく発展した。

この日立鉱山の創業がちょうど日露《にちろ》戦争後の日本経済の発展期にあたったこと、常磐《じょうばん》線の助川《すけがわ》駅（現・日立駅）から数kmの場所など、交通の便がよかったこと、そして首都圏に近かったことなど、いい条件が重なり、わずか数年で日本有数の銅山へと成長した。

その後、久原鉱業所日立鉱山付属の修理工場として創業した電機メーカーが日立製作所となるのだ。

なお、「日立シーサイドロード」と呼ばれる旭高架橋では、途中にある浜《はま》の宮《みや》ロードパークの駐車場から遠くに水平線を眺めることができる。海の上を走ることができるとドライブ好きに注目され、現在も活躍する道なのだ。

国道
145
ROUTE

八ッ場ダムの建設によって、温泉とともに国道もダムの底へ

群馬県長野原《ながのはら》町〜群馬県沼田《ぬまた》市下川田町《しもかわだまち》交差点の、群馬県内のみを結ぶ**145号**。長野原町を出発し、中之条《なかのじょう》町伊勢町下《いせまちした》交差点までは、吾妻川《あがつまがわ》やJR吾妻線と並行して走る。

道中には吾妻川にかかる雁ヶ沢橋《がんがさわばし》から八ッ場大橋《やんばおおはし》までの約3・5㎞にわたる吾妻渓谷があり、「名勝吾妻峡」として国の指定を受けている。

ほかにも、長野県上田《うえだ》市から群馬県を経て、栃木県日光市までの全長約320㎞を結ぶ観光路線として設定された「日本ロマンチック街道」がある。これはドイツのような景観が見られるということで、ドイツのロマンチック街道に由来した名称だ。

日本ロマンチック街道の長野エリアでは、標高3000m級の山々が連なる景色が楽しめたり、吾妻峡や天然記念物・川原湯《かわらゆ》岩脈など、美しい景観が見られる観光スポットでもある。

その先の群馬エリアでは、赤城山《あかぎさん》、榛名山《はるなさん》、妙義山《みょうぎさん》の上毛三山《じょうもうさんざん》や、県の中央を流れる利《と》根川《ねがわ》、草津《くさつ》温泉をはじめとした自然と触れ合うことができ、栃木エリアは日光東照宮《とうしょうぐう》や輪《りん》

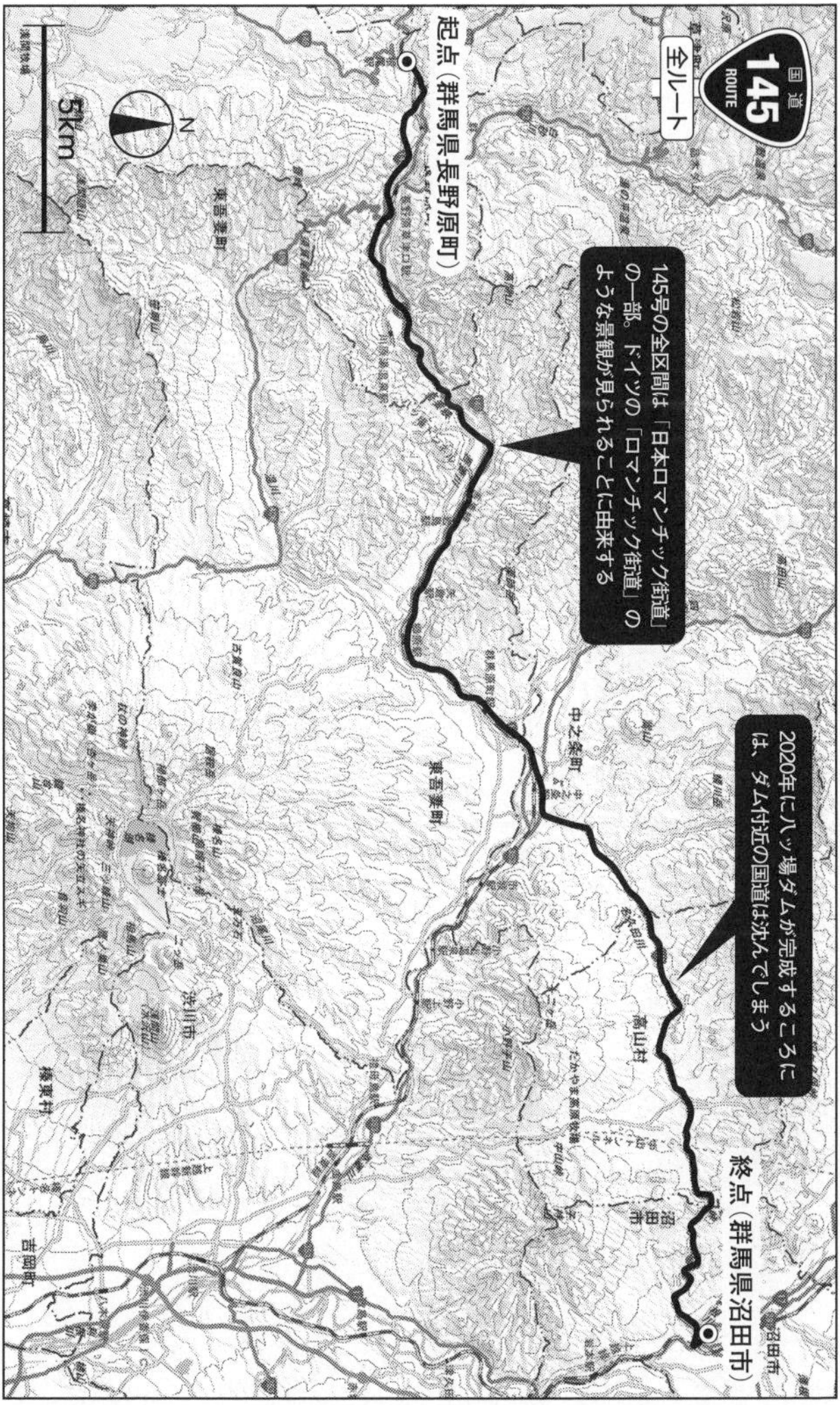
国道
145
ROUTE
全ルート
起点（群馬県長野原町）
145号の全区間は「日本ロマンチック街道」の一部。ドイツの「ロマンチック街道」のような景観が見られることに由来する
2020年に八ッ場ダムが完成するころには、ダム付近の国道は沈んでしまう
終点（群馬県沼田市）
N
5km
東吾妻町
中之条町
高山村
渋川市
沼田市
榛東村
吉岡町

王寺《のうじ》、「日光の社寺」として世界遺産に登録された二荒山《ふたらさん》神社などがあり、観光客でにぎわいを見せる。

「日本ロマンチック街道」が沈む一抹の寂しさ

この長野エリアの吾妻峡の一部を含む周辺が、現在建設中の八ッ場ダムのダム湖に沈むことになった。住民の生活道路でもある**145号**も含まれているということもあり、周辺住民の反対運動が起きた。

国道が水没して新しい道ができたら、自然が豊富な日本ロマンチック街道の景色が変わってしまうというのも住民の意見だった。また、この八ッ場ダム自体が首都圏の人たちの生活用水や工業用水を確保するためであり、首都圏の人たちのために故郷が水没することは、住民がダムの建設に強く反対する一因だった。

国道を八ッ場ダム建設工事に伴う工事専用道路とするため、早々に通行止めになったことは抗議行動にも発展した。

生活道路として利用してきた国道を通行止めにしてもいいかと言われたら、困惑するのも無理はない。

テーマ別国道セレクション　消えたルート5選

国道番号	都道府県	概要
414	静岡県	旧道には石造トンネルとして知られる旧天城トンネルがあった
354	茨城県	過去には1車線しかない旧鹿行大橋を通っていた
421	三重県	石榑峠のコンクリートブロックは車1台通るのがギリギリだった
121	山形県 福島県	大峠はトンネルが開通する以前はヘアピンカーブが連発。冬期の約6カ月間は閉鎖されていた
336	北海道	河川に張られたロープを、船に乗って人力でたどることで渡っていた

ダムに沈んでしまう145号。上を走るのは丸岩大橋(群馬県長野原町)

周辺住民の決断は街の発展へと続く

もともと八ッ場ダム建設が発表されたのは1952（昭和27）年のこと。その際に、工事は着工したものの、計画がはかどらないまま月日が流れ、半分以上の工事が終わっているという段階であったにもかかわらず、2009（平成21）年に建設の中止を宣言した。その後、再びダム建設の継続が決定し、2015（平成27）年度に完成するはずだったが、現在は2020年の完成を目指して工事を行っている。

工事により、この地域はずいぶん姿を変えた。**145号**は、以前は自然に囲まれた山道を走るルートであったが、群馬県長野原町長野原〜東吾妻《ひがしあがつま》町松谷《まつや》間は付け替え国道となる延長10・8㎞の八ッ場バイパスが完成した。ほかにもダム湖には3本の橋がかけられ、高さ約70mの丸岩《まるいわ》大橋（八ッ場ダム湖面3号橋）はダム完成前の今でこそ木々の中に突然そびえ立つ大きな橋だが、ダムができて橋脚がダムに浸《つ》かれば、景色はさらに変わるはずだ。

また、**145号**と旧道の交点にある「道の駅八ッ場ふるさと館」では、スタッフが八ッ場ダム建設事業の様子を案内したり、ダムカレーが販売されるなど、街の活性化に向けた取り組みを始めていた。ダムの建設に伴う住民の苦渋の選択があった過程を刻み、発展に向けて街も進み出している。

国道 23 ROUTE

伊勢参りに向かう群衆が主要道路をつくりあげた!?

愛知県豊橋《とよはし》市から三重県伊勢市の伊勢神宮内宮《ないくう》前に至る総延長241・6㎞の**23号**。愛知県西尾《にしお》市、名古屋市、三重県四日市市、津《つ》市を経由する。もともとは昭和30年代の愛知県内での**1号**の渋滞緩和のため、愛知県豊明《とよあけ》市から名古屋を経由し、三重県四日市市を結ぶ名四《めいし》バイパスが当時は**1号**として扱われていた。

さらに遡ると、四日市〜伊勢間で東海道から伊勢に至る街道（伊勢街道）が**23号**の前身となる。平安《へいあん》の末期から貴族に布教を始めていた伊勢神宮は徐々に広がり、鎌倉期には庶民にも布教を始めたという。

伊勢参りの信仰は江戸時代には農民にまで広がり、伊勢神宮に集団で参詣する「おかげ参り」のブームが起こった。伊勢神宮で遷宮《せんくう》のあった翌年のことを指し、とくに御蔭《おかげ》（恩恵）を授かるとされていた60年周期でやってくる「おかげ年」に数百万規模の群衆がおかげ参りに訪れたという。十返舎一九《じっぺんしゃいっく》が書いた「東海道中膝栗毛《とうかいどうちゅうひざくりげ》」でも弥次《やじ》さんと喜多《きた》さんが江戸から伊勢参りに向かう様子が描かれていたことも影響していた。

その結果、「一生に一度は伊勢詣《もうで》」といわれるほど、伊勢参りが人気だった。この当時、今のように車や電車などはなく、江戸から伊勢神宮までの片道で15日間を要した。

国家神道の聖地・神宮に向かう

明治時代になると、おかげ参りのブームは沈静化するが、伊勢神宮が国家神道の聖地となり、大正期には東京〜伊勢神宮間が、1885(明治18)年に内務省告示第6号「国道表」で**9号**「東京より伊勢宗廟《そうびょう》に達する路線」として指定された。1920(大正9)年施行の旧道路法にもとづく路線認定では、**1号**「東京市より神宮に達する路線」となった。

その後、1963(昭和38)年に名古屋港〜四日市間の一部区間が供用開始され、1972(昭和47)年に全線が開通。開通当初は旧道とともに名古屋〜四日市間に現道と名四バイパスが並行する2本の**1号**が走っていたが、伊勢街道は**1号**の座を東京〜大阪間に譲り、伊勢街道の四日市以降が切り離されて**23号**となった。キロポストの伊勢〜四日市間は四日市市国道**1号**交点までの距離がキロポストに示されている。

23号の起点である豊橋からの距離が書かれていないのは、1952(昭和27)年の一般国道指定当初は**23号**の起点が四日市市、終点が伊勢市だったことに由来している。

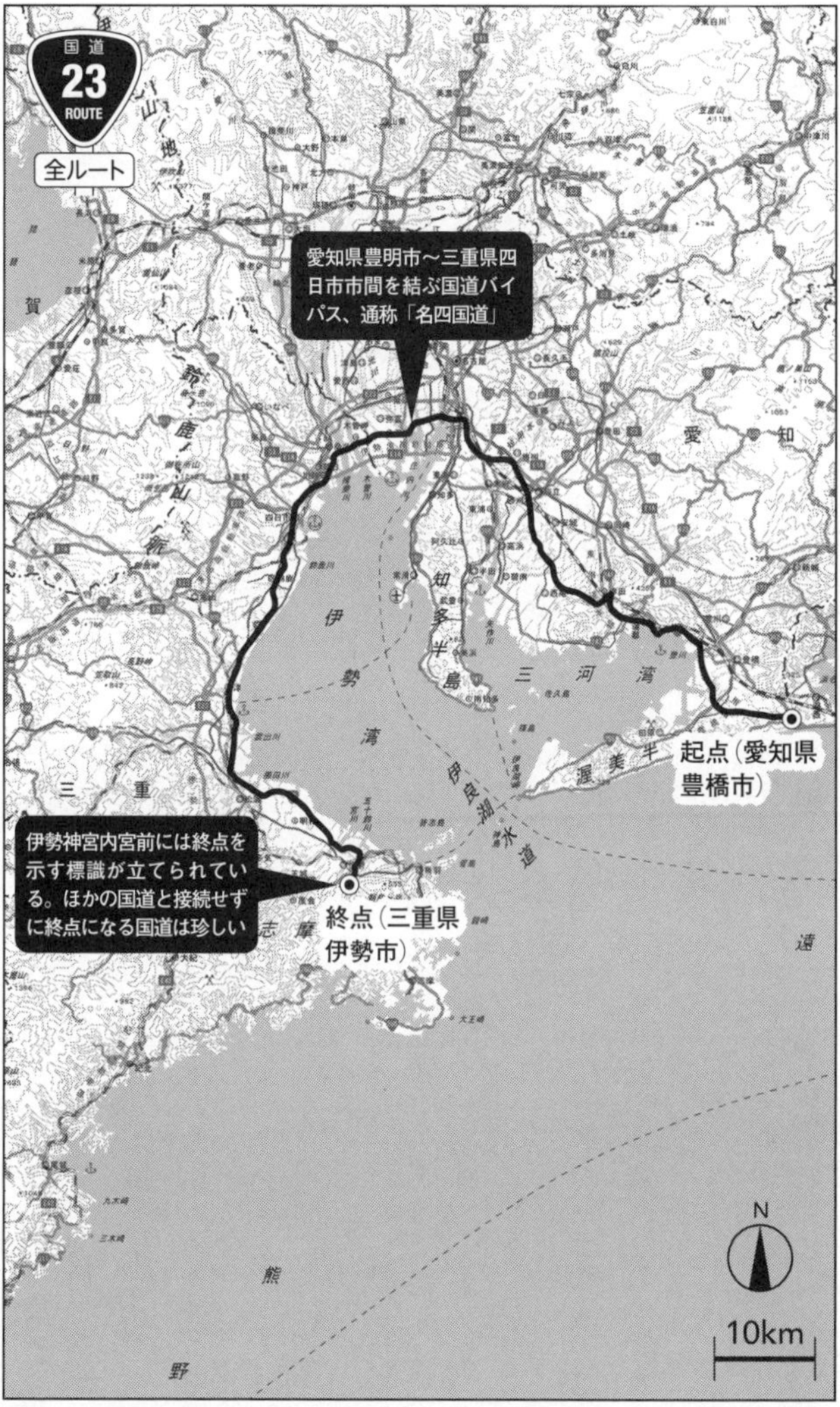
国道
23
ROUTE
全ルート
愛知県豊明市〜三重県四日市市間を結ぶ国道バイパス、通称「名四国道」
起点（愛知県豊橋市）
伊勢神宮内宮前には終点を示す標識が立てられている。ほかの国道と接続せずに終点になる国道は珍しい
終点（三重県伊勢市）
伊勢湾
三河湾
知多半島
渥美半
伊良湖水道
志摩
愛知
三重
熊野
N
10km

主要都市ではなく伊勢神宮がゴール地点!?

ところで、国道の起点、終点というのは基本的には、ほかの国道に接続する場所で終わる。これはほとんどの国道が守っており、たとえば、バイパスが開通して幹線国道の位置が動くと、新しい道がつくられたり、接続する国道の一部が国道区間から削られたりするなどして、ほかの国道との接続をさまざまな方法で守っている。

国道の意義およびその路線の指定として、道路法の第5条には〈国土を縦断し、横断し、又は循環して、都道府県庁所在地(北海道の支庁所在地を含む。)その他政治上、経済上又は文化上特に重要な都市(以下「重要都市」という。)を連絡する道路〉とある。港や空港、高速道路のインターチェンジに接続して始まる国道もあるが、「都市を連絡する道路」という点では、港でも空港でも基本的に意義が守られているといえよう。

しかし、終点が国道に接続せずに終わっている道があるのだ。それが、この**23号**だ。伊勢神宮の目の前で行き止まりとなり、その先は三重県道12号伊勢南勢《なんせい》線となる。この県道がとても細い山道で、大部分が大型車通行禁止なのだが。

なお、主要国道は起点と終点をほかの国道と接するという規定があるため、**23号**のこの場所には「終点」と書かれた看板が掲げられている。

伊勢神宮内宮前で終点となる23号（三重県伊勢市）

三重県伊勢市にある国道標識。下には伊勢名物の赤福の看板

国道
166
ROUTE

一方通行に住宅街のど真ん中も！ひと筋縄では走破できない国道

大阪府羽曳野《はびきの》市と三重県松阪市を結ぶ**166号**は、二級国道として初回指定された路線のひとつである。開通は1953（昭和28）年のこと。

道中には渓谷や山岳などがあり、以前は冬期に閉鎖となる標高899mの高見峠《たかみとうげ》を走るヘアピンカーブが連続する険しい道もあったが、1984（昭和59）年に開通した総延長2470mの高見トンネルによって、通年通行が可能になった。

166号は、大阪府堺市から竹内峠《たけのうちとうげ》を越えて奈良県葛城市の長尾《ながお》神社を結ぶ竹内街道や、日本の各地から伊勢神宮への参拝道として整備された伊勢参宮街道、高見峠と松阪市を結ぶ和歌山街道がある。

小野妹子も通った日本最古の国道

このうちの竹内街道は、日本書紀《にほんしょき》の〈推古《すいこ》天皇二十一年（613年）〉の条に〈難波《なにわ》ヨリ京（飛鳥《あすか》）ニ至ル大道《だいどう》ヲ置ク〉と記された「大道」のルートと重なることから、国が管理

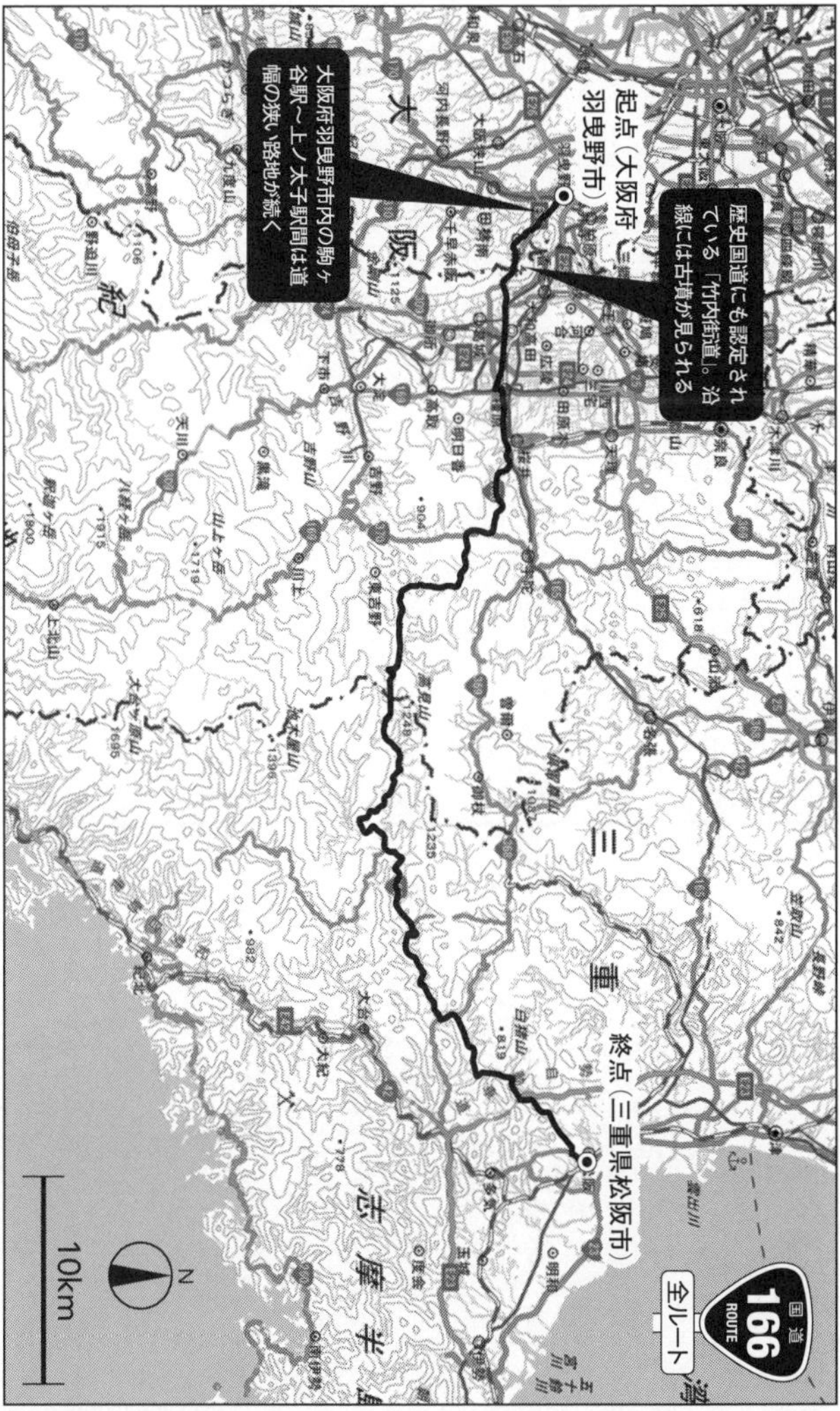
国道
166
ROUTE
全ルート
起点（大阪府羽曳野市）
歴史国道にも認定されている「竹内街道」。沿線には古墳が見られる
大阪府羽曳野市内の駒ヶ谷駅〜上ノ太子駅間は道幅の狭い路地が続く
終点（三重県松阪市）
N
10km

する国道という意味では日本最古の官道《かんどう》といわれている。東京と大阪を結ぶ**1号**が最初の国道と思いがちだが、これはできた順番を示しているわけではなく、最古の国道は竹内街道となるのだ。

奈良盆地を東西に横切る横大路《よこおおじ》につながり、藤原京《ふじわらきょう》に都が移されてからも、飛鳥（シルクロードの終点地）と大陸をつなぐ「外交の道」として、遣隋使の小野妹子や外国の使節団もこの道を使っていた。

また、難波の港に着いた最新の文化や技術もこの道を通って飛鳥に運ばれたり、聖徳太子《しょうとくたいし》を信仰する人々の「信仰の道」のほかにも、堺と大和をつなぐ「経済の道」としても重要な役割を担っていた。

江戸時代には「宗教の道」として街道沿いに道標が立てられ、旅籠《はたご》や茶店《ちゃみせ》などが軒を連ねていく。

そして、1868（明治元）年には物資を運ぶ「経済の道」として街道の重要性が増していった。そのため、竹内街道が通る竹内峠では大改修が行われ、その記念碑が今も峠の旧道に残されている。

街道の周囲には小野妹子の墓と伝えられる塚や、叡福寺《えいふくじ》の聖徳太子御廟《ごびょう》、日本武尊《やまとたけるのみこと》の

竹内街道は、今では狭隘路が続く都市型「酷道」（大阪府羽曳野市）

古市駅周辺では歩行者も多く利用するうえ、一方通行である（大阪府羽曳野市）

白鳥陵《しらとりのみささぎ》古墳、応神《おうじん》天皇陵、仁徳《にんとく》天皇陵、推古天皇陵など古墳も多数あり、物資輸送路や文化伝達路として重要な役割を果たしていたことを想像させる。

路地裏のような細い道も国道指定

それにしても、この竹内街道、少々クセのある道なのだ。

166号の起点となる大阪府羽曳野市の古市《ふるいち》駅から臥龍橋《がりゅうばし》西詰付近と、大和高田《やまとたかだ》市内の大中橋《おおなかばし》から旭北町《あさひきたちょう》の**165号**との交点の2つの区間は、松阪方面から羽曳野方面に一方通行となる。羽曳野方面から**166号**を走破しようとすると通行ができないので注意が必要。

また、古市駅付近は軽自動車以外は通行できない区間や、対向車とのすれ違いが難しい狭い道が続く。国道はさまざまな車が通れる道という固定観念は簡単に覆されるのだ。

羽曳野市の白鳥《しらとり》交差点付近は中央線がないうえに人通りも激しく、決して走りやすい道だとは言いがたい。

羽曳野市内の駒ケ谷《こまがたに》駅から上《かみ》ノ太子《たいし》駅間においては道幅が車1台分ほどしかなく、時速20㎞に規制されている。

国道というよりは路地裏といったほうがわかりやすいのではないか。そのため、国道でありながら通行が困難な道という意味合いの「酷道」の中でも、都市型酷道と呼ばれているのだ。

なぜ、このような狭隘路が国道となっているのか。これは2004（平成16）年に開通した道路建設のためだったようだ。新しい道路を通すには「狭隘区間解消のため」といった理由が必要となる。

南阪奈《みなみはんな》道路を建設するために、竹内街道のほとんどの区域が**166号**に指定されたと見られている。

なお、南阪奈道路は平成の竹内街道といわれており、竹内街道・横大路（大道《おおじ》）は日本遺産認定がされている。

それにしても「酷道」と呼ばれるほど走りづらいのだから、整備はできないかと考えるが、先にも記したように、道路沿いには古墳や寺院など歴史的建造物が多く立ち並ぶこともあり、なかなか思うようには進まないようだ。

その分、**166号**を走れば、この地にあった歴史を垣間見《かいまみ》ることができるし、スリルのある「軒下酷道」も、渓流や渓谷など狭隘路が残る山間部も見どころが多く、観光という点から見ても、走る楽しさがある道といえる。

コラム　国道でたどる日本の歴史

歴史上重要な幹線道路で、かつ文化的価値を有する道路を、国土交通省は「歴史国道」として定めている。1995（平成7）年に12カ所、1996（平成8）年に12カ所が選定され、全国に24カ所。時代は飛鳥時代から明治時代まで幅広い。

たとえば、**8号**が通過する北陸道《ほくりくどう》の倶利伽羅峠《くりからとうげ》。平安時代末期、1183（寿永《じゅえい》2）年に源平が争った古戦場として知られる。富山県小矢部《おやべ》市から石川県津幡《つばた》町までの12・8㎞の峠道は、現在も道路沿いは木々に囲まれ、往時の面影を残している。

江戸時代に発展していった福井県若狭《わかさ》町の若狭街道の一部を**303号**は通っている。この道は、かつて若狭湾の港町から京都まで海産物が運ばれたルート。鯖《さば》街道の別名でも有名だ。一番の見どころは熊川宿《くまがわじゅく》。重要伝統的建造物群保存地区で、瓦葺《かわらぶ》きや塗籠造《ぬりごめづくり》の建物などがズラリ並ぶ。道の駅もあるので、国道ドライブの休憩にもぴったりだ。

北海道七飯《ななえ》町を経由する**5号**は赤松《あかまつ》街道を通る。赤松街道は明治天皇が行幸したときに、札幌本道（**5号**）沿線に赤松を移植したことに始まり、「日本の道100選」にも選ばれている。初夏から秋にかけては見ごろなので、ぜひ足を運んでみたい。

第4章
地図上でつながらない！「海上・点線国道」列伝

国道 339 ROUTE

津軽半島最北端・竜飛崎にある、日本唯一！の「階段国道」とは？

国道は基本的に自動車の通行が前提となっている場合がほとんどだが、なかには車両が通行できない国道もある。険しい山地に予定ラインが引かれ、まだ道路が開通できていないケースとか、災害や事故で一部区間が封鎖され、そのまま復旧できずに廃道化したケースもある。だが、階段の区間があるため、実質的に歩道専用となっている国道というのは珍しい。それが、演歌の舞台として有名な北国を走る**339号**だ。

起点と終点の間に分断区間がなく、全通しているにもかかわらず、部分的に車もバイクも通行できない特殊な国道。それぞれの地方の、いろいろな事情から、結果的にユニークな道が多い3桁国道の中でも、最右翼の存在かもしれない。

演歌の舞台としても名高い地

339号は、青森県弘前《ひろさき》市を起点として、津軽半島を縦断し、突端に位置する竜飛崎《たっぴざき》まで続いている道。途中の小泊《こどまり》から竜飛崎にかけてのパートは「竜泊《たつどまり》ライン」と呼ばれてお

国道
339
ROUTE
全ルート
終点(青森県外ヶ浜町)
起点(青森県弘前市)
七ツ滝や奇岩が続く海岸沿いを走るワイルドなパート
「階段国道」はココ。標高差70m、388・2mの区間が階段に
龍飛崎
高野崎
今別
十三湖
七里長浜
津軽半島
津軽平野
外ヶ浜
蓬田
中泊
五所川原
つがる
板柳
藤崎
黒石
田舎館
弘前
岩木山
1625
10km
青森
•716
•677
•549
•55

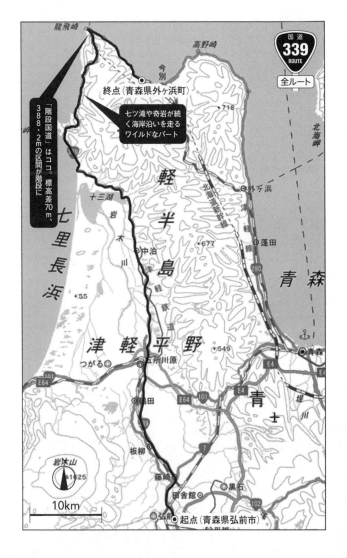

り、荒々しくも雄大な日本海を一望するシーサイドロードから、後半は急峻《きゅうしゅん》な山岳地帯へと突っ込んでいくワインディングロードになる道だ。

冬期は閉鎖されて通行できないが、変化に富んだドライブが楽しめる道路として、観光客にも人気が高い。もともとは道らしい道もない難所で、一部区間は自衛隊が建設作業にあたったというエピソードも伝わっているが、この道路が開通したおかげで多くの人が訪れるようになった。

津軽《つがる》半島の突端に位置するのが、津軽海峡を隔てて北海道と向かい合う竜飛崎。「青函《せいかん》トンネル記念館」や展望場つきの灯台などがある青森でも屈指の観光スポット。ボタンを押すと、石川《いしかわ》さゆりの『津軽海峡・冬景色』の曲が流れる歌謡碑があることでも有名だ。

全国唯一の場所として人気観光地に

津軽半島の突端部は、海の際《きわ》まで山が迫った急峻な地形。

〈ここは、本州の極地である〉というのは、太宰治《だざいおさむ》の小説『津軽』の一節である。〈この部落を過ぎて路《みち》は無い。あとは海にころげ落ちるばかりだ。路が全く絶えているのである〉と続く通り、海岸段丘崖の急な地形となっている。

半ば観光地化している「階段国道」（青森県外ヶ浜町）

「階段国道」区間には4つの国道標識がある（青森県外ヶ浜町）

カーナビに導かれて**339号**を進もうとすると、唐突に「道がない」という状態になるのは今も同じ。竜飛崎の丘の上から海沿いまで、388・2mの区間が「階段国道」と呼ばれ、徒歩以外では通行できないのである。

かつて青函トンネルの建設工事が始まったとき、資材運搬のために周辺の道路整備が必要になった。暫定的にこの地区にあった道を国道指定して予算を取りつけ、車道として整備する計画になったが、非常に狭い急坂部分を車道にするのは物理的に無理だった。並行するようなラインで車道を建設して、丘の上と海岸沿いを結び、完成後はその新道が国道の経路に変更される手筈《てはず》であったと思われる。

しかし、それより先に、「全国で唯一の階段国道」としてテレビなどで取り上げられ、観光客が訪れるようになってしまったのだ。国道の指定要件に道路の状態はとくになく、階段も除外はされていない。そのため、「観光資源となるのなら、このままでも……」という地元の思惑が働いたことは想像にかたくない。

今では観光ガイドブックには必ずというほど取り上げられ、休日ともなると、多くの観光客が上ったり下りたりする名所として定着している。

国道が民家の軒先を「ちょっと失礼……」

竜飛崎には「日本の灯台50選」にも選ばれた「竜飛埼灯台《たっぴさき》」がある。かつては津軽海峡を行き交う船の重要な目印であったもので、今も北海道を望む景勝地にあることから、津軽国定公園の一部にもなっている。

この灯台の先から**339号**は高低差約70m、362段の階段となって、海辺へと下りていく。かなり急な階段で、手すりがなければ怖いくらいの迫力。上ってくる観光客はもれなく息が切れているほどで、なかなかハードな傾斜である。太宰治ではないが、海に向かってそれこそ「ころげ落ちる」かのような景色を見ながら下っていくと、風情のある漁師町の一角に出る。

階段を下り切ったところは、見知らぬよそ者が通るのは憚《はばか》られるような狭い民家の隙間。ちょっぴり後ろめたいような気分で歩いていると、国道であることを示す逆三角形の青い標識を発見して、ホッとひと安心する人が多いかもしれない。

ちなみに、この400mに満たない「階段国道」の区間には、全部で4カ所に国道標識が設置されている。平均すると100m未満に1カ所の設置であり、総延長6万5900kmにおよぶ広大な国道網の中でも、標識の密集度は随一のようである。

国道
289
ROUTE

老舗温泉宿の敷地内を通り抜け、立ち木に国道標識がつけられた山道へ

289号は、**49号**とともに、新潟県と福島県を横断する国道。新潟市中央区の本町交差点を起点に、福島県いわき市の雷《いかずち》交差点まで、総延長275・2㎞を結ぶ。

南東北の山深いエリアを通っているため、長らく2カ所の未開通、自動車通行不能区間があった。全国に少なからず存在する「酷道」の中でも、飛びきりインパクトのある区間で、マニアの間では有名なスポットだった。

ひとつは福島県下郷《しもごう》町と西郷《にしごう》村の間にある甲《か》子《し》峠《とうげ》区間。2008（平成20）年9月にバイパスが開通したが、それまでは、車はおろかバイクすら通行できない登山道国道だった。

触れると寿命が延びる〝おにぎり〟？

マニアの間では「触れると3年寿命が延びる」とまでいわれたレアものの国道標識があったのが甲子峠区間。在りし日のそれは、深い森の中に延びる登山道の脇に、木にくくりつけられたような姿で存在していた。

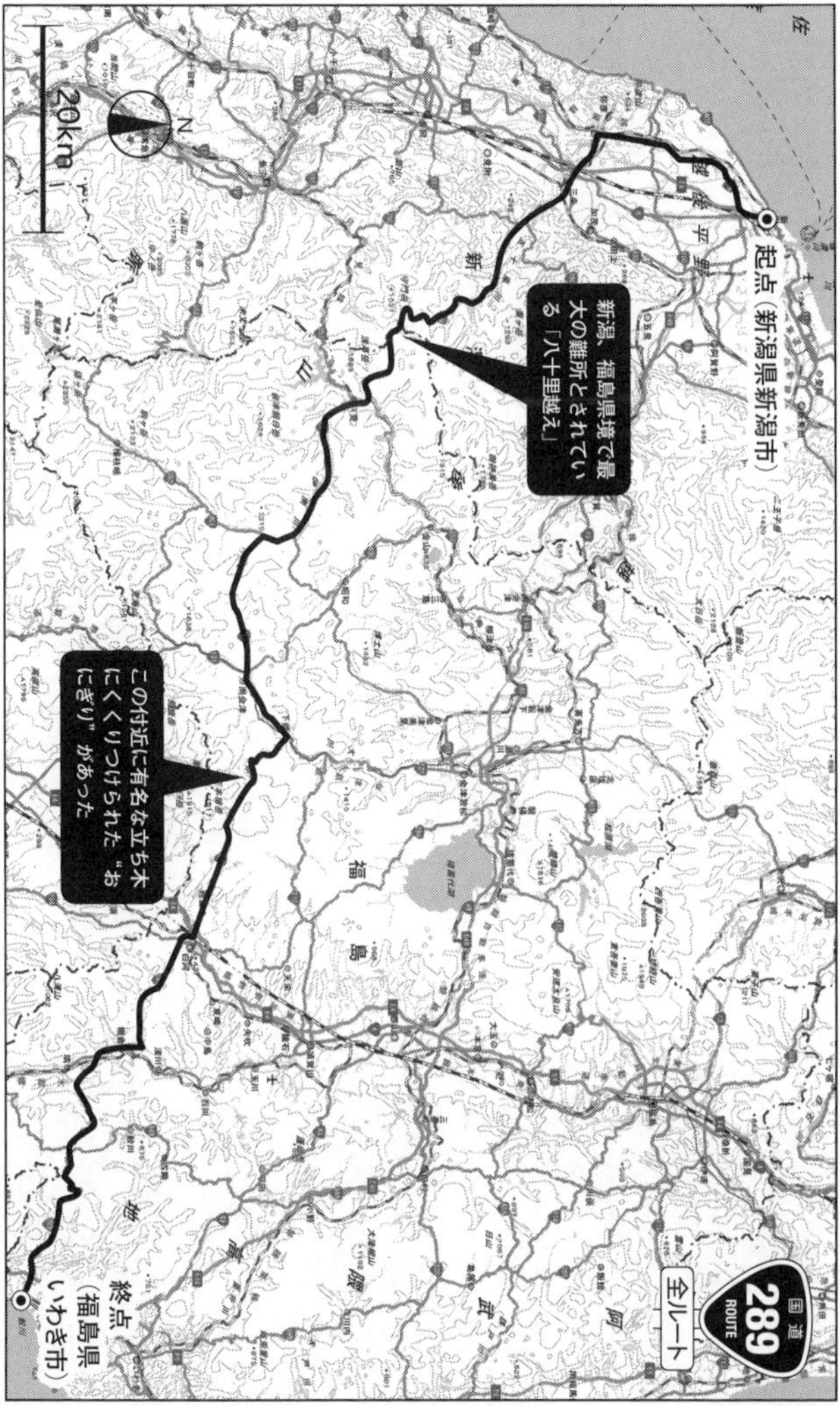

国道
289
ROUTE
全ルート
起点（新潟県新潟市）
新潟、福島県境で最大の難所とされている「八十里越え」
この付近に有名な立ち木にくくりつけられた"おにぎり"があった
終点（福島県いわき市）
N
20km

ガードレールや橋脚にステッカーを貼った、ミニサイズの〝おにぎり〟はたまに見かけるが、登山道の脇で立ち木に取りつけられ、登山道にひっそりたたずむ〝おにぎり〟はここにしか存在しなかったのではないだろうか。バイパス開通後に撤去されてしまったそうだが、惜しむファンは多かっただろう。

老舗温泉宿の敷地内を国道指定！

福島県の白河市街からアプローチすると、当時は甲子方面を示す道標に、「この先通行不能」と書かれていた。その通行不能付近にあるのが、甲子山《かしやま》の山懐に抱かれ、阿武隈川《あぶくまがわ》のせせらぎが聞こえる秘湯「甲子温泉」。

150年もの古い歴史を持ち、現在は日本秘湯を守る会の会員でもある「大黒屋《だいこくや》」という温泉宿がある。

江戸時代には11代将軍・徳川家斉《いえなり》のもとで老中首座《ろうじゅうしゅざ》や将軍補佐を務めた松平定信《まつだいらさだのぶ》公が好んで通い、白河松平家御用達《ごようたし》であった老舗。

ところが、**289号**敷設の計画段階で測量ミスなどがあり、あろうことか、敷地の一部が国道に組み込まれてしまった。

立ち木にくくりつけられていた国道標識。現在は撤去されて見られない（福島県西郷村）

大黒屋の一番奥が登山道の始まり。お宿の軒先を過ぎるとダートコースに突入。しばらくの区間はガードレールがあるものの、やがて小さな橋を渡ると階段が出てくる。そして、その先は完全に登山道となり、徒歩でなければ峠越えができない国道なのであった。

この通行不能区間の代替路線として建設されたのが「甲子道路」。1975（昭和50）年に着工したものの、車両通行不能区間は甲子トンネル、甲子大橋などを含む難工事区間で、2008（平成20）年にようやく通行不能区間が解消した。

バイパス開通後は大黒屋の土地を正式に返還する期限つきの国道であったため、残念なことに、国道標識などは撤去されている。

もうひとつの難所「八十里越」

もう1カ所は新潟県と福島県の県境に位置する難所「八十里越《はちじゅうりごえ》」。こちらは現在も未開通で、地図上で点線で表される「点線国道」となっている。

新潟市から燕《つばめ》市にかけては**116号**と重複している**289号**。県央地域を西から東へと横切り、福島県只見《ただみ》町へと向かう県境付近に、今も車では通行不能部分が残っている。

それが「八十里越」だ。この地名の由来には諸説があり、地元の古文書によると、あまりに困難な道なので、一里を十里にあてて八十里越と呼んだとされている。約314㎞に相当する距離だ。

だが、東海道にも匹敵する歴史ある街道で、中世ごろから人々の往来があったと伝わっている。越後からは塩や魚を、会津からは青苧《あおそ》といった繊維原料などを運んでいたそうである。

この峠は、江戸時代末期の武士であり、越後《えちご》長岡《ながおか》藩の家臣であった河井継之助《かわいつぎのすけ》が生涯最後に越えた峠としても知られる。幕末に起こった北越《ほくえつ》戦争で長岡藩は新政府軍に敗れ、長岡城も陥落。継之助が会津に向けて落ち延びる際に八十里越の峠を越えた。戦闘で傷を負っていた継之助にとって、当時から難所として知られた峠越えは困難を極めたことだろう。そして、彼は会津若松への道中、塩沢《しおざわ》村（現・只見町）で息を引き取った。現在、只見町には継之助終焉《しゅうえん》の地として河井継之助記念館が建っており、彼の生涯や功績を紹介している。

一帯は非常に急峻な地形で、しかも日本でも有数の豪雪地帯。工事が進められるのは、雪が消える5月下旬から、再び雪に閉ざされる11月上旬にかけてのわずか半年ほどの間しかない。

そして、自然豊かなエリアであるため、イヌワシやクマタカなどの希少野生生物の生息が確認されており、工事にあたっては自然環境への配慮も欠かせない。そのため、両県と国交省が「八十里越道路環境検討委員会」を設置して、インパクトの少ない施工方法を採用している。

もともとが徒歩道であり、今も徒歩で越えることはできなくはないようだが、登山道区間は15㎞以上。

数ある登山道国道の中でも、屈指の難コースとなっている。河井継之助が越えたときほどでないにしても、1日で踏破するのは困難で、かなり厳しい登山となるのは間違いないだろう。

国道 58 ROUTE

総延長ナンバーワン国道では、野生動物出現注意！

58号は1972（昭和47）年の沖縄返還とともに、旧一級国道に由来する2桁国道の最後に追加された国道だ。ルートは鹿児島県鹿児島市と沖縄県那覇市を結ぶもので、その間、種子島と奄美大島を経由する。ルートの大部分を占める海上区間は609・5㎞あり、これは日本最長の海上区間だ。さらに陸上区間も含んだ総延長は884・4㎞におよび、総延長第2位にあたる**4号**の836・7㎞を上回って、日本最長の国道である。

「海上区間」は文字どおり海の上を通る区間で、離島を結ぶ国道などに指定されている。海上区間にはフェリーが運航されていることが多いが、すでに撤退したところもあり、海上区間となっているからといって、必ずしもそのままつながっているとは限らない。

58号の場合も、鹿児島市内、種子島、奄美大島、沖縄本島の各区間はフェリーで移動することになるが、現在、種子島と奄美大島を直接結ぶフェリーはないため、**58号**をルート通りに走ることはできない。そのため、鹿児島市内区間、種子島区間と進んだあとは、また鹿児島まで戻り、続いて奄美大島、沖縄本島区間に進むことになる。

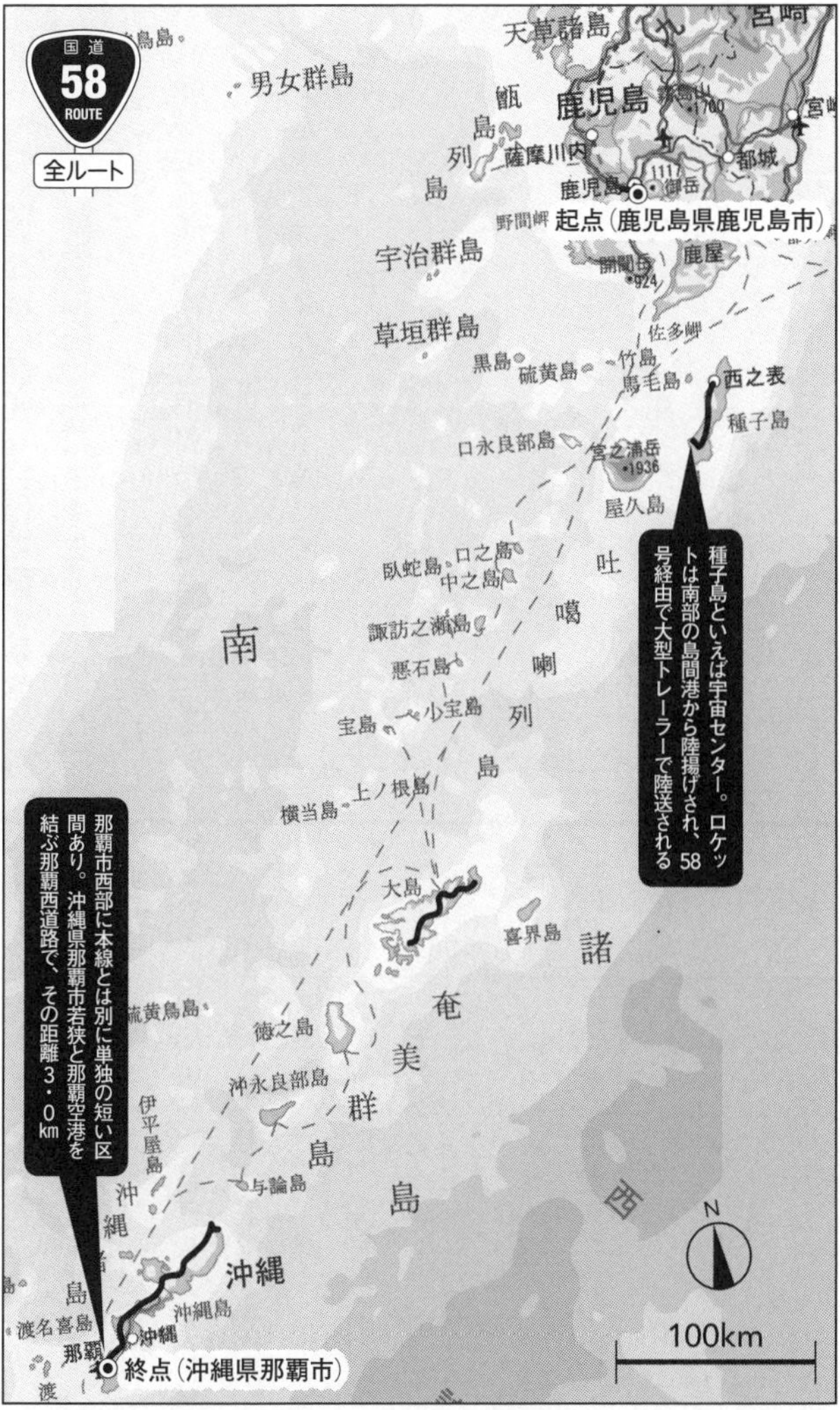
国道
58
ROUTE
全ルート
起点（鹿児島県鹿児島市）
種子島といえば宇宙センター。ロケットは南部の島間港から陸揚げされ、58号経由で大型トレーラーで陸送される
那覇市西部に本線とは別に単独の短い区間あり。沖縄県那覇市若狭と那覇空港を結ぶ那覇西道路で、その距離3・0km
終点（沖縄県那覇市）
天草諸島
男女群島
甑島列島
鹿児島
薩摩川内
都城
鹿児島
野間岬
宇治群島
鹿屋
草垣群島
佐多岬
黒島
硫黄島
竹島
馬毛島
西之表
種子島
口永良部島
宮之浦岳
屋久島
臥蛇島
口之島
中之島
諏訪之瀬島
悪石島
宝島
小宝島
上ノ根島
横当島
南
吐噶喇列島
大島
喜界島
奄美群島
諸島
硫黄鳥島
徳之島
沖永良部島
伊平屋島
与論島
沖縄島
沖縄
沖縄島
渡名喜島
那覇
N
100km

700mの鹿児島市内区間を抜けて種子島へ

鹿児島市内区間は鹿児島市の中央公民館前交差点から始まり、700mほど東進して泉《いずみ》町《ちょう》交差点のもうひとつ東の交差点までの区間だ。この区間はたった700mしかないのだが、**58号**は「鹿児島市と那覇市を結ぶ国道」という定義上、鹿児島市内に存在していなければならない。ちなみに、中央公民館前交差点は**224号**の終点でもあり、**58号**の鹿児島市内の全区間は**224号**と重複している。

続いて、種子島区間。種子島には北部の西之表《にしのおもて》港から上陸する。そして、**58号**は港の北部から車を走らせる。スタート直後は西之表市の中心部を進み、そのあと、すぐに東シナ海沿いに出る。

しばらく島の西岸に沿って南下するが、南北に細長い種子島の真ん中付近まで進むと、今度は島の中央(山側)に進み、そのあとは、ずっと内陸部を進む。そして最後、島の南部で方向を北西に変えて、種子島区間のゴール地点の島間《しまま》港に向かう。

種子島区間はおよそ49㎞だ。しかし、ゴールの島間港から鹿児島に向かうフェリーはないため、このあとはいったんスタート地点の西之表港まで戻って、そこから鹿児島市まで戻ることになる。

奄美大島で見られる「アマミノクロウサギ」の標識（鹿児島県奄美市）

野生動物出没注意！奄美大島ドライブ

次は奄美大島区間。再び鹿児島港をフェリーで出発し、奄美大島には名瀬《なぜ》港から上陸する。奄美大島区間はおよそ69㎞だが、名瀬港はその真ん中より少し北側にある。北側約28㎞、南側約41㎞の奄美大島区間は、最終的には名瀬港まで戻ってくる必要があるため、まずその南端まで進み、北上して**58号**の北端まで行き、再び名瀬港まで戻ることになる。

奄美大島区間の南端をスタートして20㎞ほど北上した場所に、マングローブの巨大な原生林がある。さらに、何カ所か「アマミノクロウサギ」の標識も見られる。そのうえ、路面に「クロウサギに注意」というペイントがあるところもあり、奄美大島ならではの道路標識を楽しめる。

名瀬まで戻ったあとは、沖縄本島に向かう。奄美大島から沖縄本島への海上区間はそのルートを通るフェリーがあるので、ここはルートどおりに進むことができる。

沖縄本島を南北に貫く大動脈

沖縄本島へは本島南部の那覇港から上陸する。沖縄本島区間は、北部の国頭村《くにがみ》が起点で、那覇市の明治橋《めいじばし》交差点が終点となっている。沖縄本島へは那覇港から上陸しているため、ここは那覇市から国頭村へと走行する。スタート地点の明治橋は国場川《こくばがわ》に架かる橋で、ここには南側から進入する。「明治橋」という名前の交差点は橋の北側にあるのだが、橋の南側の中央分離帯に巨大な標柱が設置してある。明治橋交差点をスタートすると、**58号**は沖縄本島の西岸に沿って北上する。沖縄はさすがに「基地の島」だけあって、その途中でキャンプキンザー、普天間《ふてんま》飛行場、嘉手納《かでな》飛行場など、米軍基地の横を次々と通過する。

そして、沖縄本島の北部、ゴール地点の国頭村奥《おく》に到着する。ここは左右に川（奥川《おくがわ》）が流れていて、それを渡る橋（奥橋《おくばし》）がかかっている。この橋の手前までが**58号**だ。橋の手前には、左側に**58号**の記念碑があり、左右にキロポストが立っている。

テーマ別国道セレクション 海上国道5選

国道番号	都道府県	概要
58	鹿児島県 沖縄県	海上区間を含めれば、最長距離の国道
384	長崎県	福江島の国道区間は「日本の道100選」に選ばれている
389	熊本県 長崎県	58号に次いで最多の、3つの海上区間を有する
499	長崎県 鹿児島県	海上国道最後の路線。重複区間が多く、単独区間は長崎県下のみ
390	沖縄県	日本最南かつ最西にある国道

橋を渡った先にはヤンバルクイナの「とび出し注意」の標識がある。奄美大島はアマミノクロウサギだったが、沖縄本島はヤンバルクイナなのだ。

ところで、**58号**ではいくつの島を通ってきただろうか。種子島、奄美大島、沖縄本島の3つと思うかもしれないが、実は4つの島を通過しているのだ。

もうひとつは宮城島《みやぎじま》を通る。宮城島?ちょっと聞き慣れない名前の島かもしれないが、この島は沖縄本島中部の大宜味《おおぎみ》村にある。「島」といっても宮城島は小さな島で、車で走っていると一瞬で通り過ぎてしまい、気をつけないと見落としてしまうかもしれないので注意が必要だ。

国道
152
ROUTE

「点線区間」は開通の見通しなし！武田信玄も通った歴史ある道

長野県上田市大屋《おおや》交差点を起点に、諏訪湖《すわこ》や八ヶ岳《やつがたけ》、南アルプスの山間部を縦断し、静岡県の水窪川《みさくぼがわ》や天竜川《てんりゅうがわ》に沿って下り、静岡県浜松《はままつ》市東区北島《きたじま》交差点を終点とする総延長264・1kmの**152号**。

この道は遠山郷《とおやまごう》を経て、火の神さま・秋葉《あきば》神社への崇拝に使われた信仰の道「秋葉街道」や、甲州街道の茅野宿《ちのじゅく》から高遠《たかとお》を経由して三州《さんしゅう》街道の伊那部《いなべ》に抜ける「杖突《つえつき》街道」をルーツとする道路。

秋葉街道は縄文《じょうもん》のころから遠江《とおとうみ》（静岡県西部）と信濃《しなの》（長野県）を結び、内陸部から沿岸部に山の幸を沿岸部から内陸部には塩を運んだとして、かつては「塩の道」と呼ばれ、海と山を結ぶ道だった。

1572（元亀《げんき》3）年には、甲斐《かい》の武田信玄《たけだしんげん》が遠江と三河《みかわ》（愛知県東部）を攻略するために進軍した街道。八ヶ岳山麓から信濃の諏訪地方に入り、伊那《いな》地方を南下して遠江北部に入った。

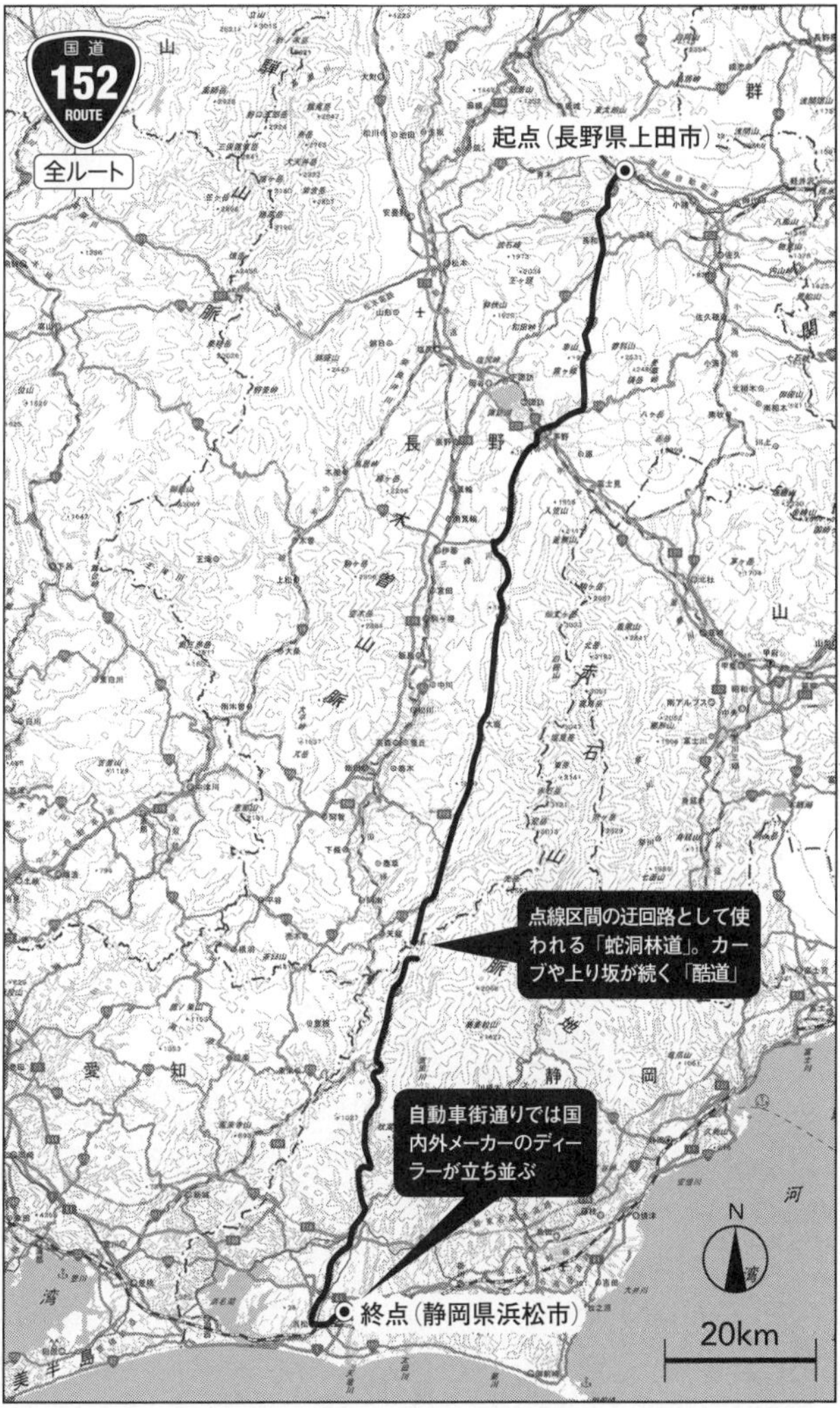
国道
152
ROUTE
全ルート
起点（長野県上田市）
点線区間の迂回路として使われる「蛇洞林道」。カーブや上り坂が続く「酷道」
自動車街通りでは国内外メーカーのディーラーが立ち並ぶ
終点（静岡県浜松市）
N
20km

この際に塩の道最大の難所である標高1082mの青崩峠《あおくずれとうげ》を越えたといわれ、峠道の道中には武田信玄が腰かけたといわれる石が置かれている。

未開通も砂利道も国道に分類

長い歴史がある街道を走るこの**152号**の現在は、「酷道」ファンに人気となっている。**152号**は青崩峠や地蔵峠《じぞうとうげ》、大門峠《だいもんとうげ》、杖突峠、分杭峠《ぶんぐいとうげ》、中沢峠《なかざわとうげ》など、複数の峠を越える山岳路線。

そのうち青崩峠〜地蔵峠間は道がつながっておらず、これが地図上では道が途切れた状態になり、通称、点線国道と呼ばれる未開通区間となっているのだ。

まず、長野県南部の大鹿《おおしか》村と飯田市上村《かみむら》の間にある標高1314mの地蔵峠。名前の通り、小さなお地蔵さまが祀《まつ》られている。ここから上村方面に向かうには、蛇洞《じゃぼら》林道によって迂回ルートが整備されている。

しかし、蛇洞林道に到着する手前の大鹿村からが峠道であるがゆえ、1車線の道路やヘアピンカーブといった道が続く。さらに砂利道や、斜面が崩れて工事中の山なども見受けられ、走行には注意が必要な場所だ。

青崩峠の不通区間は今後も開通の見通しがない（長野県飯田市）

意外にも走りやすい道がある蛇洞林道（長野県大鹿村）

この先も車道開通の予定はなし!?

もうひとつの静岡県浜松市と長野県飯田市の間にある青崩峠も、名前からして、なんとも崩れそうなイメージを持ってしまう。山腹に広がるむき出しになった青い岩盤からこの名がつけられ、一帯は中央構造線沿いの破砕帯でもろくなっている場所だという。

現在は青崩峠遊歩道として整備されているものの、石畳の遊歩道に、決壊したままの舗装道路、落石で歩道は崩れている。しかも、数十年にわたって青崩の治山工事を行っているが、いわゆる崩壊地で、いまだに工事中で開通の目途は立っていないようだ。

というのも、現在、飯田市の中央自動車道から浜松市北区引佐町《いなさちょう》を結ぶ三遠南信《さんえんなんしん》自動車道の建設が進められ、青崩峠にトンネルをつくる予定という。しかし、トンネルを予定している周囲の地盤がもろく、地下水位が高いために難工事が予想され、完成はもう少し先になるとのこと。兵越《ひょうごし》林道という迂回ルートが整備されているので、通行は可能となっている。

152号は酷な道が続く一方で、景色が美しい区間も多い。

急坂を杖を突きながら登ったという杖突峠にある峠の茶屋からは、諏訪湖や美《うつくし》ヶ《が》原《はら》を一望でき、飯田市の標高800mから1000mに位置する下栗《しもぐり》の里《さと》は、傾斜面に耕地や

テーマ別国道セレクション　美しき旧街道5選

街道名	国道番号	都道府県	概要
赤松街道	5	北海道	日本初の西洋馬車道の一部、「赤松の並木」が有名
日田往還	212	大分県	沿線の緑が美しく、名道として知られている
北国街道	18	新潟県	江戸時代に脇街道として栄え、現在も「妻入りの街並」が残る
若狭街道	303	滋賀県	滋賀県の県境付近には「熊川宿」と呼ばれる宿場街が残っている
奥州街道	4	青森県	七戸町内の1.6kmにおよぶ松並木は、今なお歴史的景観をとどめる

家屋が点在し、南アルプスを望む壮大な景観で景勝地として知られる。兵越峠の間にある浜松市と飯田市では、毎年10月の第4日曜日に、勝ったほうが1m国境を広げられるというルールで「峠の国《くに》盗《と》り綱引き合戦」が行われる。

また、天竜川沿いにある船明《ふなぎら》ダムは、1門の大きさが高さ15・3m、幅20mの世界最大級の出水ゲートが9門もある大規模なダムとして知られる。

なお、浜松市に入ると「自動車街通り」と呼ばれる道路となり、沿線に国内、国外メーカーのディーラーや中古車ディーラーが立ち並び、車好きにとっては走行しているだけでも楽しい場所だ。

国道
350
ROUTE

フェリーと車でグルリ！ 佐渡を経由して新潟市と上越市を結ぶ

以前、静岡県の清水《しみず》港と土肥《とい》港を結ぶ駿河湾《するがわん》フェリーに乗った際に、このフェリーが通る海上の道が県道223号だった。地上の道ではない場所を県道といわれてもピンとこなかったが、主要な地点を結ぶ区間をフェリーが通行する際は「海上国道」の扱いになっているのだ。国土交通省によれば、〈一般に地上につくられた道路あるいは構造物（橋やトンネル）は無くても、フェリーボートなどによって道路と道路を結ぶ1本の交通系統としての機能があると判断できれば国道とすることができる〉とのこと。

たとえば、千葉県富津市～神奈川県横須賀市を結ぶ東京湾フェリーは**16号**、三重県鳥羽《とば》市～愛知県伊良湖《いらご》岬を結ぶ伊勢湾フェリーは**42号**、鹿児島県指宿《いぶすき》市と宮崎県宮崎市を結ぶフェリーなんきゅうは**269号**など、全国に海上国道は24本もある。

田中角栄が考案した海の上の国道

350号もそのひとつ。新潟県新潟市中央区の本町交差点を起点にして、フェリーの佐《さ》

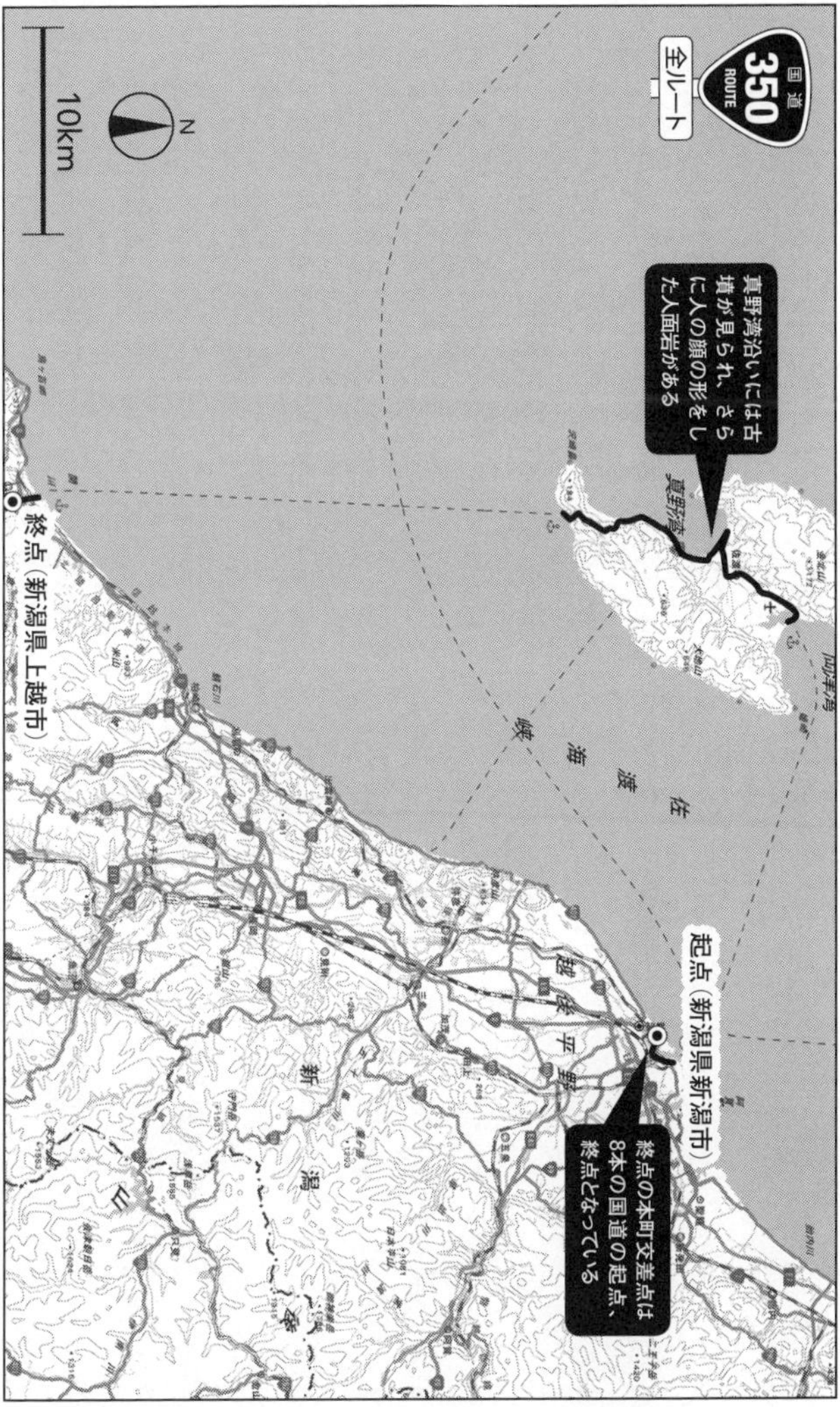
国道
350
ROUTE
全ルート
N
10km
真野湾沿いには古墳が見られ、さらに人の顔の形をした人面岩がある
真野湾
両津湾
佐渡海峡
終点（新潟県上越市）
起点（新潟県新潟市）
終点の本町交差点は8本の国道の起点、終点となっている
越後平野
新潟

渡《ど》汽船に乗って佐渡島《さどがしま》へ。佐渡島では、両津《りょうつ》港から国仲《くになか》平野を横断し、佐渡市役所や佐渡歴史伝説館などを経て小木《おぎ》港まで行き、フェリーに乗って新潟県上越《じょうえつ》市の下源入《しもげんにゅう》交差点までの総延長は163・2㎞。

航路には新潟港〜両津港を運航する「両津航路」、直江津《なおえつ》港〜小木港を運航する「小木航路」、寺泊《てらどまり》港〜赤泊《あかどまり》港を運航する「両泊《りょうはく》航路」の3つがある。

なぜ、新潟市から佐渡島を通って上越市に入る国道がつくられたのか。それは、新潟県を地元とする田中角栄のおかげ、といってもいいだろう。

1967（昭和42）年に両津航路にカーフェリーが往来し、島内の交通量は次第に増加していたが、道路の整備がまだ不十分で、交通に支障が出るほどだった。

そこで、道路整備を進めるため、自治体が島内の県道を国道に昇格してほしいと、新潟県二田《ふただ》村（現・柏崎《かしわざき》市）出身の田中角栄に陳情を行った。その際に予算を確保するという算段を立てたのだが、当時、佐渡島内で完結する道路では、道路法第5条の〈国土を縦断し、横断し、又は循環して、都道府県庁所在地（北海道の支庁所在地を含む。）その他政治上、経済上又は文化上特に重要な都市（以下「重要都市」という。）を連絡する道路〉という、一般国道の指定要件を満たすことができていなかった。

田中角栄の力によって佐渡島内には国道が走っている（新潟県佐渡市）

フェリー「おけさ丸」内では海上国道を示す地図が見られる

主要都市がない佐渡島を含めた国道指定を実現

「道路は文化だ」が口癖だった田中角栄は、自身の構想に則《のっと》って、全国の5万分の1の地図を買いそろえ、道路や鉄道を地図に書き入れていくことが日常であった。また、もともと土木建築業だった専門性を生かし、道路法の全面改正や山間部の集落が冬でも孤立しないためのトンネルを整備するなど、数多くの実績を残している。高速道路の整備にも従事しており、首都と地方の物流が発展するようになった。

角栄は地元である新潟の社会基盤整備にはとくに熱心で、法律に精通し、強行突破を得意としていたため、「新潟市と佐渡島、佐渡島と上越市の海峡の航路も区間に含めることで、道路法第五条の要件を満たそう」と言って、国道指定を実現した。これが1975（昭和50）年のことである。ちなみに、この路線は出発着が同じ航路ではなく、別航路を運航するという点で、ほかにはない特徴があるといえる。

現在では年々、佐渡島へのフェリーの利用者、および観光客は減少傾向にある。しかし、フェリーを運航する佐渡渡船は高速カーフェリーなどを導入し、所要時間が大幅に短縮されるなど、島民や企業は観光客誘致のための努力を続けている。ちなみに、フェリー内では海上区間を**350号**と示す地図が貼られているので、国道マニアは必見だ。

国道 401 ROUTE

住民によるダム反対運動が「開かずの国道」をつくった!?

全国にはそこかしこに「開かずの踏切」がある。開かずの踏切とは、とくに首都圏などで線路や運行本数が多い踏切や駅の近くで見られる現象。遮断機が下りた状態が長時間続き、通行が困難な踏切を指す。とくに通勤ラッシュの時間帯に起こり、長いときは何十分と待つこともある。

その対策として、場所によっては線路脇に地下道を設置したり、高架にしたり、線路自体を高架化や地下化しているが、現在でも全国にはまだ何百カ所といった踏切が開かずの踏切として存在しているという。しかし、逆にいえば、この踏切は長い間待つにしても、いつかは「開く踏切」なのだ。

永遠に通行できない国道？

この世の中には、「開かずの国道」というものが存在する。国道が「開かない」とはどういうことだろう。

全国の国道の中には通行不能区間というものがあり、いわゆる「点線国道」と呼ばれるもので、車両の通行ができない場所を指す。

埼玉県熊谷《くまがや》市と山梨県富士川《ふじかわ》町を結ぶ**140号**の雁坂峠《かりさかとうげ》付近も登山道が国道指定されており、しばらくの間「開かずの国道」といわれ、山道のままであった。ほかにも**152号**（188ページ参照）の地蔵峠と青崩峠は車は迂回しての通行しかできなかったりと、点線国道となっている箇所が全国には多数存在する。

道路自体が未開通で、車も人も通れないという道もあった。**352号**の新潟県長岡市～同市山古志《やまこし》地域は、長岡市最高峰の標高765・1mの鋸山《のこぎりやま》に阻まれて、「開かずの国道」となっていた。この区間のうち、花立峠《はなだてとうげ》～萱峠《かやとうげ》間は萱峠バイパス（萱峠トンネル）が建設され、近々一部は通行が可能になる。しかし、永遠に開くことのない道が**401号**に存在する。福島県檜枝岐《ひのえまた》村にある沼山峠《ぬまやまとうげ》～群馬県片品《かたしな》村の三平峠《さんぺいとうげ》間を結ぶ道路がそれだ。

この付近は、音楽の教科書にも掲載されている唱歌『夏の思い出』でも有名な尾瀬《おぜ》の湿原がある場所。

この尾瀬にダムの建設が計画されたのは1903（明治36）年のこと。完成してしまえば尾瀬がダムに水没してしまう。そこで、住民による環境保護に対する運動が起こった。

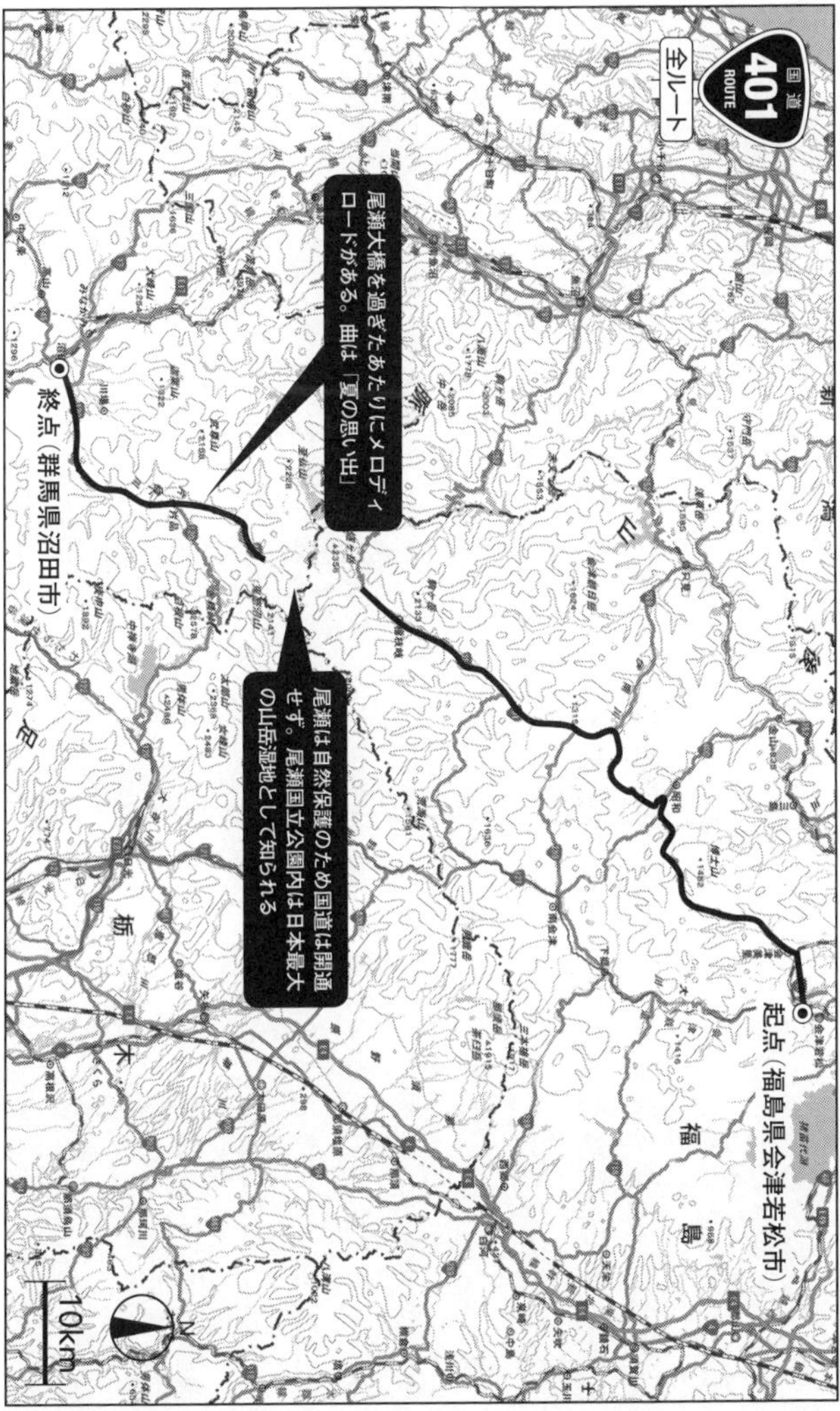
国道 401 ROUTE
全ルート
尾瀬大橋を過ぎたあたりにメロディロードがある。曲は「夏の思い出」
尾瀬は自然保護のため国道は開通せず。尾瀬国立公園内は日本最大の山岳湿地として知られる
終点（群馬県沼田市）
起点（福島県会津若松市）
10km

「開かずの国道」は住民の意思によるもの

この運動は尾瀬沼尻《ぬじり》の尾瀬沼湖畔のすぐそばに山小屋「長蔵小屋《ちょうぞう》」を建てた初代主人・平野《ひらの》長蔵の力が大きい。長蔵小屋は「日本の自然保護の象徴」といわれ、親子3代にわたって経営される。1922（大正11）年には、発電所をつくる計画を発表した関東水電に対し、長蔵が当時の内務大臣・水野錬太郎《みずのれんたろう》に宛てて請願を提出し、ダム建設を阻止した。

その後、観光地となった尾瀬に多くの観光客が訪れるようになると、再び尾瀬縦断計画が持ち上がり、自動車道路の開発が進む。このときには、長蔵小屋の3代目主人・長靖《ちょうせい》が1971（昭和46）年に当時の環境庁長官・大石武一《おおいしぶいち》に工事中止を直訴した。大石は尾瀬を視察し、建設推進派の田中角栄らに逆らうかたちで、道路建設の中止を決断した。

その後は計画が再浮上することはなく、尾瀬沼を挟んで、大清水物見小屋《おおしみずものみ》と沼山峠のずいぶん手前で**401号**は途切れて車の乗り入れは禁止となり、尾瀬を縦断する区間は未開通区間となった。2007（平成19）年には、福島県、栃木県、群馬県、新潟県の4県にまたがる尾瀬国立公園が完成しているため、今後も大々的な路線変更がないかぎり、半永久的に「開かずの国道」なる。現在、尾瀬にはマイカー規制が敷かれ、中心部は木道がメインとなっている。

尾瀬の手前で車が通行止めとなる401号(群馬県片品村)

尾瀬の中心部では木道がメイン(提供・「尾瀬の郷 片品村」)

コラム　知って驚き！ 世界の国道事情

国が変わればルールも変わる。国道もまたしかり。

アメリカでは、国道番号は南北方向の道路は奇数で東から西へ。東西方向の道路は偶数で北から南へ、道路番号が順に割り当てられている。いかにも合理主義の国らしいナンバリングだといえる。

中華人民共和国の国道は、大きく100番台、200番台、300番台に分けられている。その基準は、日本の旧一級、二級のようにひとつだけではなく、少々ややこしい。100番台は起点を首都・北京《ペキン》としているもの。続く200番台は国土を南北に走る道路。そして300番台は東西に走る道路となっている。

中国の国道で最も長い国道は318号で、全長約5500㎞あり、日本の1号と比較すると、約7倍ある。

ちなみに、世界一総延長距離が長い国道があるのは、オーストラリアの国道1号である。その総延長は約1万2500㎞におよび、日本の**1号**の15倍以上の長さを誇っている。とうてい1日では完走できない距離だ。

第5章

消えた理由は千差万別！「幻の国道」列伝

国道
336
ROUTE

過去には船を使って渡った区間が！沿線では化石も発掘された!?

336号は北海道浦河町《うらかわちょう》から太平洋岸に沿って、えりも町、広尾町《ひろおちょう》、浦幌町《うらほろちょう》、白糠町《しらぬかちょう》を通って釧路市に至る、総延長252・9㎞、現道149・1㎞の国道だ。

一般国道として指定されたのは1975（昭和50）年だが、北海道が「蝦夷地《えぞち》」と呼ばれていた江戸時代に開発された部分も含まれている。

近世までは、交通手段は船による海上交通が主流だったが、18世紀後半になると、ロシア帝国から使節が来航したり、アイヌ民族の反乱が起きたりしたため、国防のための道路整備の必要が生じた。

そのため、北海道東部を直轄支配していた江戸幕府が道の開削事業に乗り出し、現在の**235号**、**236号**、**336号**などのもととなる道の整備が行われた。

明治に入ると、蝦夷地から北海道に改称し、開拓事業を進めるために幹線道路の改修が進められた。江戸期に拓かれた「様似山道《さまにさんどう》」「猿留山道《さるるさんどう》」「ルベシベツ山道」などに加えて、海岸沿いにも延伸し、日高《ひだか》では「東海岸道南路《ひがしかいがんどうなんろ》」がつくられた。

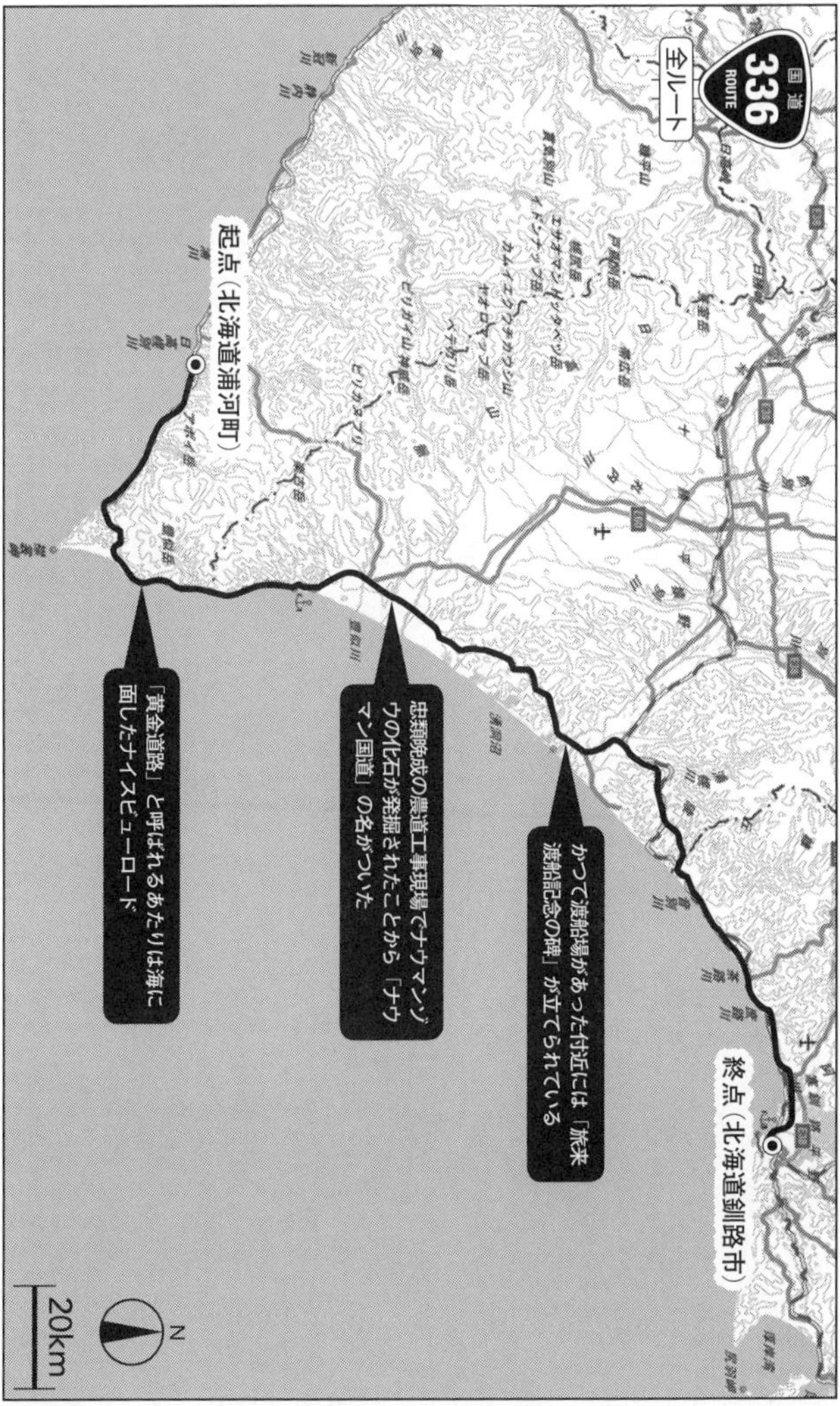
国道
336
ROUTE
全ルート
起点（北海道浦河町）
終点（北海道釧路市）
「黄金道路」と呼ばれるあたりは海に面したナイスビューロード
忠類晩成の農道工事現場でナウマンゾウの化石が発掘されたことから「ナウマン国道」の名がついた
かつて渡船場があった付近には「旅来渡船記念の碑」が立てられている
N
20km

大小の河川についても、渡河する場所に架橋するなど、通りやすく整備が進められたが、十勝川《とかちがわ》は川幅が広いため、両岸を渡船《とせん》が連絡するスタイルが選択された。

橋が開通して役割を終えた渡船

現在、**336号**は十勝川の河口に近いところにかかる「十勝河口橋」を渡っているが、1992（平成4）年にこの橋が開通するまでは、両岸を渡船が連絡する「渡船国道」だったのだ。

国道に海上区間が設定されていて、その間をフェリーが連絡している例は、千葉県の富津港から神奈川県の久里浜港に渡る**16号**をはじめ、兵庫県明石《あかし》市の明石港から淡路市の岩屋《いわや》港がある。

そして、南《みなみ》あわじ市の福良《ふくら》港から徳島県鳴門《なると》市の撫養《むや》港に渡る**28号**、岡山県玉野《たまの》市の宇野《うの》港から香川県高松市の高松港に渡る**30号**など、枚挙にいとまがないほど存在している。

それに対して、川を渡船で結ぶ「渡船国道」は、この**336号**が最後となって、現在は消滅している。

石狩川《いしかりがわ》の河口にもかつて渡船場があった。川幅が1500mもあり、軟弱地盤で橋の建設が難しかったため、長らく渡船が活躍。最盛期には1日平均4000人以上、車両1500台以上を運んでいたが、1976（昭和51）年に橋が完成して渡船は廃止された。

船はモーターではなく人力移動だった

最後の渡船場となった旅来《たびこらい》渡船場があったのは大樹《たいき》町と豊頃《とよころ》町の間。

1992（平成4）年に役目を終えた渡船（北海道浦幌町）

就航していたのは定員5名の小さな船で、運営は北海道開発庁。1日5往復の定時運航で、悪天や増水時は欠航になった。

この船にはモーターなどの動力はいっさい搭載されておらず、両岸をつなぐように渡されたワイヤーを伝って移動する、まさに「人力」の船。船頭がワイヤーを腕で引きながら船を移動させていたという。

小さい船なので、人と自転車限定で、車やバイクは約20㎞上流の藻岩《もいわ》にある**38号**まで回り道をしなければならなかった。

地元住民や自転車の旅をしている人などに重宝されていたが、十勝河口橋が架けられることになり、その完成と同時に渡船は廃止された。わが国の国道としては唯一で最後の渡船場があったことを記念すべく、現在は「渡船記念の碑」が建立されている。

「黄金道路」や「ナウマン国道」の別名も

336号は通る地域にそれぞれいろいろな特徴があることから、パートによってさまざまな別名で呼ばれている。

現在のえりも町庶野《しょや》から広尾町広尾橋にかけての約30㎞の区間は「黄金《おうごん》道路」。日高山脈が海岸まで迫り、太平洋の荒波と風化の激しい断崖のために古来、交通の難所となっていたところ。

道路建設は1927（昭和2）年に始まり、開通までに8年の歳月を要するほどの難工事になった。当時の金額で94万5503円という莫大な費用がかかったことから、「黄金を敷きつめたほどの金額」だったということで「黄金道路」と呼ばれるようになった。

えりも町庶野から広尾町広尾橋に延びる「黄金道路」

断崖絶壁に道が通り、荒天時には道路が波をかぶることもあるという。通行止めになることも多く、現在でも防護壁などの整備が進められている。そんな厳しい道を抜け、しばらく南下すると、森進一《もりしんいち》の曲で有名になった襟裳《えりも》岬だ。ここへはジェイ・アール北海道バスの日勝《にっしょう》線が通っており、「黄金道路」も経由する。

また、広尾町シチュウウスから浦幌町までの区間は「ナウマン国道」と呼ばれている。1969（昭和44）年に忠類《ちゅうるい》村（現・幕別《まくべつ》町）の農道工事現場から、約12万年前に付近に生息していたと見られるナウマン象の化石が発掘され、全国的に有名になったことが由来だ。

国道 408 ROUTE

国際空港と研究学園都市を結ぶ将来有望な国道が分断されているワケ

国際空港を擁する千葉県成田市と、１９８２（昭和57）年に研究学園都市として整備されることが決定し、将来の発展が期待される茨城県つくば市を結ぶ路線として国道指定された**４０８号**。研究学園都市の名のとおり、つくば市内の沿線には数多くの研究施設が立ち並んでいる。沿線住民からは「ヨンマルハチ」の愛称で親しまれている。

最高速度80キロの一般道路は全国で2例目

栃木県にある**１１９号**のバイパス「宇都宮北《きた》道路」は、自動車専用に設定された高速道路並みの「高規格道路」であるため、２００５（平成17）年から、それまで時速60㎞であった主要区間の最高速度を時速80㎞に引き上げた。これは有料道路以外では例外的で、高速道路以外の道で従来の最高の時速70㎞を上回る全国初の事例となった。

この事例に次ぐ2例目となったのが、宇都宮市と真岡《もおか》市を結ぶ**４０８号**バイパス「鬼怒《きぬ》テクノ通り」の一部区間。２０１３（平成15）年から施行されている。

つくば市にある研究学園都市

408号の起点は成田市の寺台《てらだい》インター。そこから茨城県牛久《うしく》市、つくば市、下妻《しもつま》市、筑西《ちくせい》市、栃木県真岡市、宇都宮市を通って、高根沢町《たかねざわまち》の宝積寺《ほうしゃくじ》交差点まで、総延長104・1㎞、現道は82・3㎞の国道だ。

成田からは利根川を越えて、首都圏中央連絡自動車道の西側を並行するように北西に進むと、つくば市内で「学園西大通り」と呼ばれる道になり、やがて**125号**田中《たなか》交差点から「つくばバイパス」へと入っていく。

しかし、実は、この地点から、**408号**は〝分断〟路線になっているのである。

分断部分も国道昇格のはずだった

408号は従来、成田市からつくば市までだったが、1993（平成5）年に、宇都宮市近郊の高根沢町まで延伸されることになった。

その際、つくば市から下館《しもだて》市（現・筑西市）を結ぶ茨城県道下館筑波《つくば》線（現・茨城県道14号筑西つくば線）は国道に昇格できず、栃木県道真岡高根沢線のみが国道に昇格した。そのため法律上、**408号**は、つくば市から下館市の間は分断された状態なのである。

2015（平成27）年、田中交差点から北に延伸する「つくばバイパス」が新設されたため、一見すると**408号**のバイパスが建設されたように見えるのだが、実はそうではない。このバイパスは**125号**であり、その先の池田《いけだ》地区から北も茨城県道14号筑西つくば線のバイパスとして建設されたもの。通行に支障はないものの、実質的に分断状態は今も続いているのだ。なぜ、そんなことが起きたのか。

茨城県道14号筑西つくば線は、もともとは1993（平成5）年に**408号**に組み込まれて国道昇格する予定になっていた。

ところが、当時の建設大臣であった地元の政治家・中村喜四郎《なかむらきしろう》氏が、明野《あけの》町（現・筑西市）の町長と対立し、明野町を通過する路線を国道に組み込むことを妨害したため、国道昇格ができなかったというのだ。

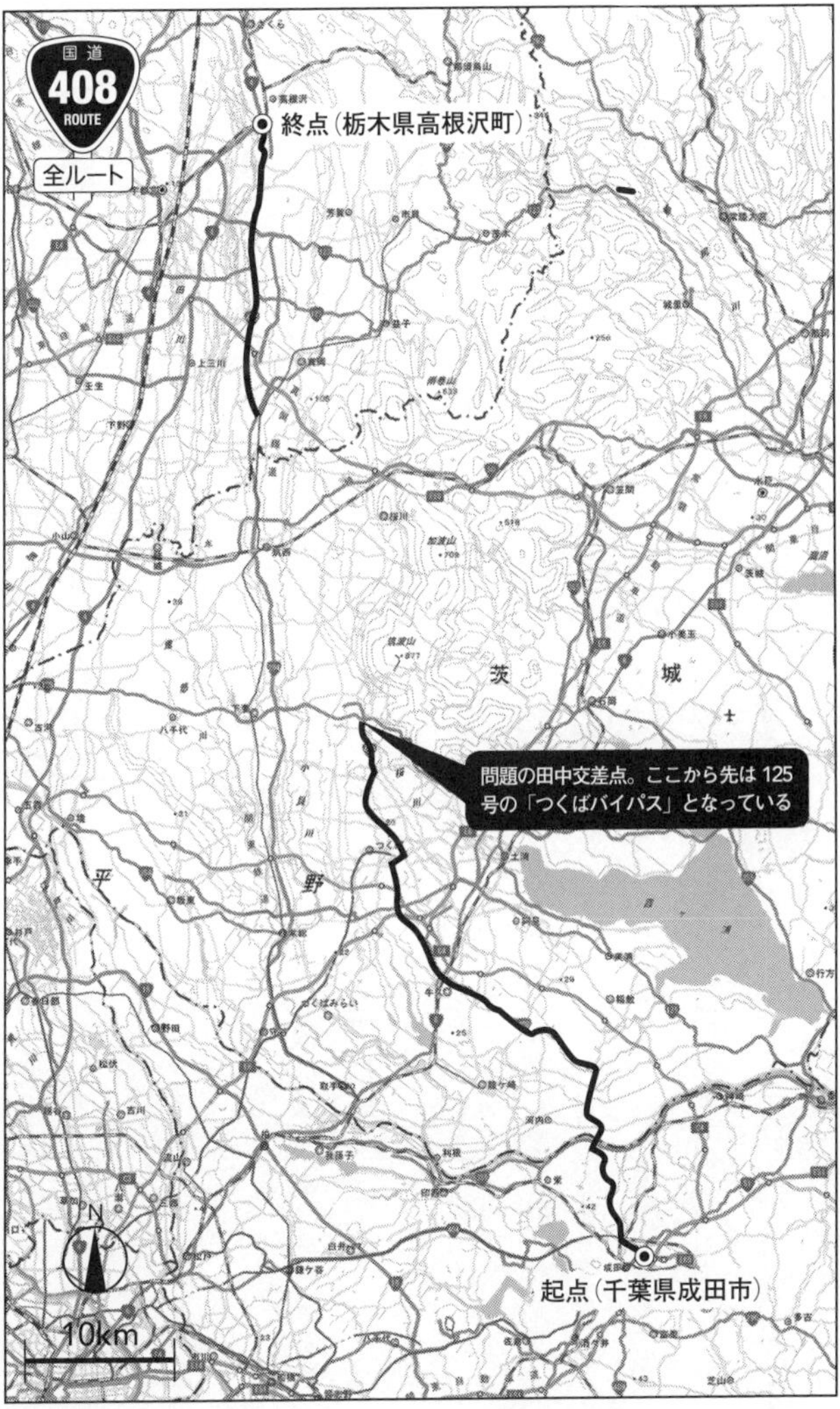
国道
408
ROUTE
全ルート
終点（栃木県高根沢町）
茨
城
平
野
問題の田中交差点。ここから先は 125
号の「つくばバイパス」となっている
起点（千葉県成田市）
N
10km

結果的に、この道は以後もずっと県道のままで、国道に昇格することはなかった。

このため、**408号**は、つくば市北部の田中交差点でいったん途切れて、栃木県真岡市で再び姿を現すという珍しい事態となっているのである。

計画を阻止した異色の自民党政治家

中村喜四郎氏は茨城県猿島《さしま》町（現・坂東《ばんどう》市）生まれ、父も母も政治家という家庭で育ち、大学卒業直前に田中角栄事務所に入所。秘書を経験したのちに政界に進出。要職を歴任し、わずか43歳で建設大臣に就任。

一時は総理候補にという呼び声もあり、1994（平成6）年、国政を揺るがすゼネコン汚職事件が発覚。実刑判決を受けて刑務所に入ったが、出所後は無所属で14回連続当選を続けており、「日本一選挙に強い代議士」と呼ばれている。

さて、**408号**に分断区間が生じた原因をつくったと取り沙汰されている中村氏だが、圏央道が茨城県を通ることになった経緯にもかかわっているのではないかとの噂《うわさ》もある。

道路は地域にとって重要なインフラ。良くも悪くも、いろいろな〝大人の事情〟がその背後にあるのはたしかなようだ。

国道
390
ROUTE

全体の9割が海上区間なのに、海上移動の手段がない!!

沖縄にある**390号**は、国道の中で最南端、最西端に位置している。石垣島《いしがきじま》、宮古島《みやこじま》と、沖縄本島以外の離島を通る唯一の国道でもある。

起点は那覇市から南西に410㎞も離れた石垣島。島で一番の繁華街である美崎町《みさきちょう》の「730記念碑交差点」から始まる。石垣島では、北東端までは行かない伊原間《いばるま》まで。そこから宮古島に飛び、東南部の城辺保良《ぐすくべぼら》から島の北西側の平良港《ひららこう》交差点へ。沖縄本島では、那覇市通堂町《とんどうちょう》の那覇埠頭前交差点から旭橋《あさひばし》交差点まで約600mの区間のみの国道なのだ。

総延長は552・2㎞もあるのだが、実は海上区間がそのうちの約9割を占めていて、現道はわずか1割ほどの59・1㎞にすぎない。

また、海上部分については、かつてはフェリーが運航していて代替交通となっていたが、2008(平成20)年に運営していた会社が経営破綻して就航路線がなくなり、実際には海上区間の移動はできなくなっている。つまり、現実にはつながっていない部分が非常に多い国道なのである。

また、一般的な海上国道は起点、終点がほかの国道の路線と交わるが、**390号**の場合は、起点が孤立している数少ない路線となっている。

沖縄の大きな変革を表す「730」とは？

起点にある石垣島の「730記念碑交差点」とは何か。

日本の国道網における最西端にあたる交差点で、ここにある石碑は戦後の沖縄の特殊な状況を語り伝えるものなのである。

戦前の沖縄は、ほかの県と同じく自動車は左側通行であったが、沖縄戦の終了直後からアメリカ軍の占領下に置かれたため、アメリカ式の右側通行に変更させられた。

1972（昭和47）年の沖縄返還のときには、占領から27年も経過しており、すぐにもとに戻すことはできなかった。

そこで、1978（昭和53）年7月30日までを準備期間とし、県内全域で一斉に左側通行に変更することになった。

たんに自動車を左側通行にすればいいという問題ではない。道路標識、信号、路面に記

石垣港近くにある「730記念碑」(沖縄県石垣市)

宮古島の390号沿線にはサトウキビ畑が見られる(沖縄県宮古島市)

された誘導ラインなど、あらゆるものの仕様変更が必要だった。鉄道網がない沖縄の公共交通は路線バスがメインだが、乗降のための入り口も左右が逆になるし、バス停もそのままでは使えない。

これらをすべて仕様変更するのはとても大変なことで、ドライバーも歩行者も、いきなり正反対になると混乱すると思われ、交通事故の多発が予想された。

県内では左側通行に戻すことに対して反発する声も多かったが、道路交通に関する国際条約による「一国一交通制度」があるため、復帰後は本土と統一しなければならず、左側通行に戻すことになったのである。

事故防止のために、テレビコマーシャル、ポスターなど、あらゆるメディアを総動員して新しい交通ルールの周知が行われた。

それでも、変更直後はあちこちで混乱が生じ、交通渋滞やバスの遅延、接触事故などが多発。路線バスが原野に転落したりはしたが、死亡事故は起こらず、なんとか移行することができた。

この一大プロジェクトに関しては、1977（昭和52）年につくられた『沖縄730道の記録』という約30分の映像作品が公開されており、YouTubeで閲覧できる。

国道352 ROUTE
ドライバーの恐怖心を煽る、樹海に続出する過激な看板

352号は新潟県柏崎市と栃木県上三川《かみのかわ》町をつなぐ一般国道だ。柏崎市を出ると、新潟県中部の魚沼《うおぬま》市を経て奥只見《おくただみ》の檜枝岐《ひのえまた》村を横断し、福島県会津地方の南会津《みなみあいづ》町に至る。そこからは**121号**との長い重複区間となり、日光市、鹿沼《かぬま》市を抜けて、上三川町へと到達する。

総延長は331・3㎞におよぶが、ほかの国道との重複区間が約90㎞もある。福島県と栃木県の県境にあたる区間は、**121号**、**400号**との3重複の区間で、道路脇には3路線分が縦に3つ連なる国道標識が立っている。同じく鹿沼市内でも**121号**と**293号**と3重複しており、鹿沼市街にも3つが連なる国道標識が見られる。このような珍しい国道標識が見られるのは、**352号**の特徴のひとつだ。

このほか、新潟県と福島県の県境は積雪が2mにも迫る日本有数の豪雪地帯でもあるため、魚沼市の大湯《おおゆ》～駒《こま》の湯《ゆ》間など一部区間は冬期に閉鎖される。また、長岡市栖吉町《すよしまち》から山古志種苧原《やまこしたねすはら》にかけての萱峠《かやとうげ》は現在も工事中で、約3900m区間がまだ開通していない。

90年代まで未舗装だった山岳道路

352号は「酷道」としても知られている。

魚沼市から檜枝岐村にかけての過酷な区間が「酷道」たる所以《ゆえん》で、その道のりは山岳国道の典型ともいえる様相だ。この区間は別名「樹海《じゅかい》ライン」とも呼ばれ、深い山中に分け入るように進んでいく。急カーブが連続するつづら折りの峠道で、1車線または1・5車線の狭隘路が、場所によっては断崖絶壁に沿って走っている。ところどころセンターラインのあるやや道幅の広い区間もあるが、走りやすくなったと思ったら狭い1・5車線に戻る……といった道路環境が続くのである。

しかし、現在の**352号**はこれでも整備が進んだほうで、かつてはダート区間も残る、さらに険しいありさまだったという。

352号の歴史を少しだけ振り返ると、奥只見湖付近の区間は、徒歩で通行する古くからの峠道があるだけで、自動車道の開通は遅かった。

大湯温泉から銀山平《ぎんざんだいら》までの車道開通は太平洋戦争中のことで、その先の檜枝岐村までとなると、1972（昭和47）年である。その後、国道に指定されるが、舗装が進むのは、ほかの国道よりずっとあとのことで、奥只見湖より新潟寄りにある枝折峠《しおりとうげ》周辺には、

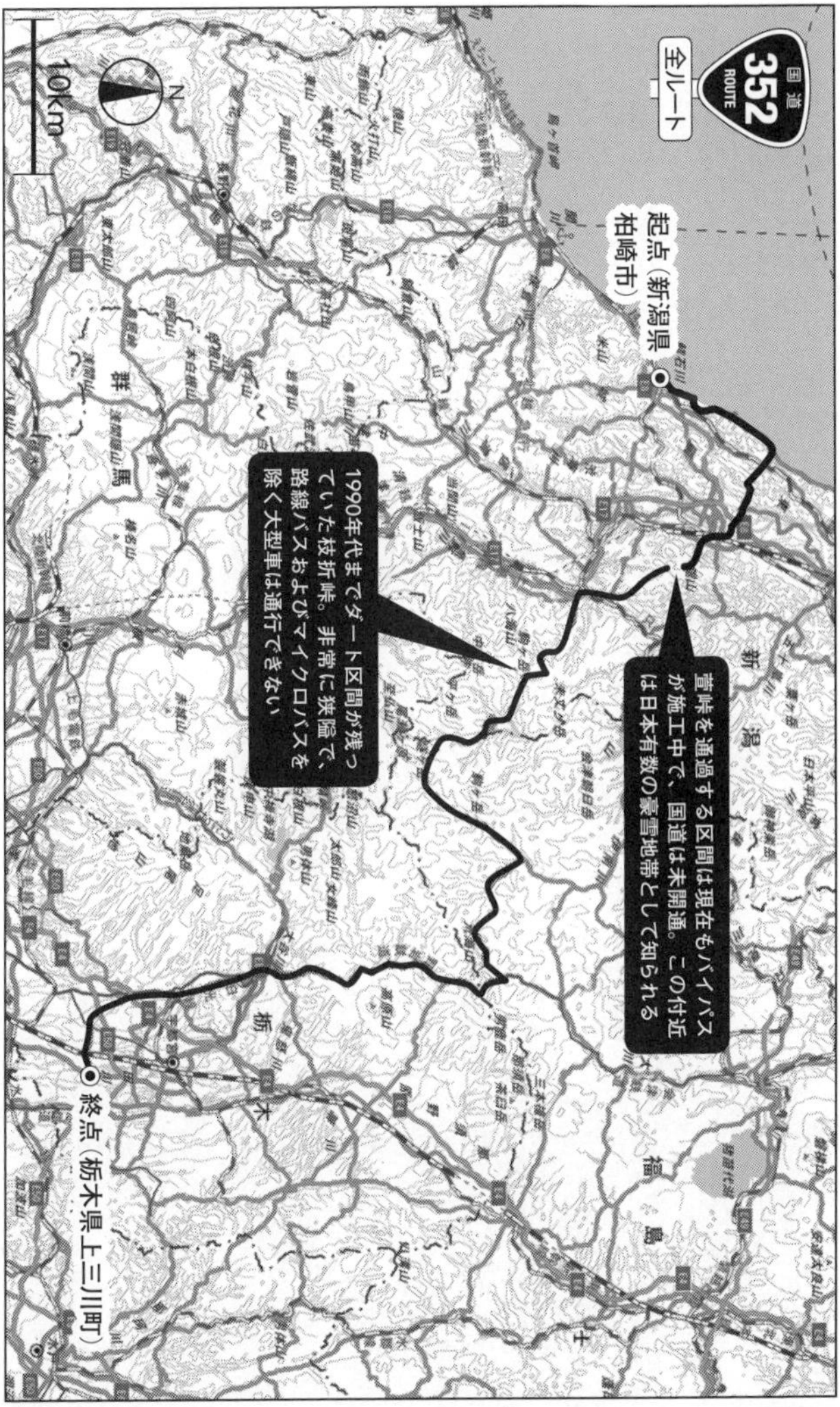
国道
352
ROUTE
全ルート
起点（新潟県柏崎市）
萱峠を通過する区間は現在もバイパスが施工中で、国道は未開通。この付近は日本有数の豪雪地帯として知られる
1990年代までダート区間が残っていた枝折峠。非常に狭隘で、路線バスおよびマイクロバスを除く大型車は通行できない
終点（栃木県上三川町）
N
10km

1990年代まで未舗装路が残っていた。

現在では未開通以外は全区間の舗装が完了しており、未舗装路は姿を消している。

安全運転喚起のはずが不安を喚起

舗装が完了したことで、未舗装当時の**352号**は幻の存在となってしまったが、どうやら通行する者を恐怖のどん底に突き落とすほどの「酷道」だったようだ。

1985（昭和60）年ごろの道路地図には、現在の魚沼市～檜枝岐村間は大部分がダートと記載されていたらしい。少なくとも1980年代は未舗装のままだったということだ。

しかも、曲がりくねった未舗装の道路には、ドライバーに安全運転を促す……というにはあまりに物騒なフレーズの看板がいくつも立っていたのだという。枝折峠付近の道には、「転落！　死亡事故現場」「下は地獄」「転落事故多し　連絡方法なし」と注意喚起どころか、不安を煽《あお》るような文言が並び、銀山平周辺でも「この先転落事故多し」「初心者は（並走する奥只見）シルバーラインへ」「わき見をするな命はないぞ」とドライバーに向けた過激な警告のオンパレードだった。

「下は地獄」なんて言われたら、ハンドルを握る手が震えてしまうし、別ルートに引き返

「樹海ライン」区間はつづら折りの狭隘路が続く（福島県檜枝岐村）

奥只見湖沿いには「洗い越し」区間も存在する（新潟県魚沼市）

そうにも、もう狭い道に入っているのだから、時すでに遅し。「わき見をするな」という看板に目を取られてハンドル操作を誤りそうだ。穏やかでない看板、狭隘の未舗装路、連続する急カーブに、ドライバーは生きた心地がしなかっただろう。

1992（平成4）年までにダート区間は枝折峠～銀山平の間の約4㎞だけとなり、大湯温泉～枝折峠間ではガードレールが新たに整備され、各所にあった物騒な看板も、ほとんど撤去されてしまったという。

温泉から観光地まで沿線はにぎやか

かつては道路状況のすさまじさも手伝い、名物「酷道」としてその名を轟《とどろ》かせた**352号**であるが、沿線には自然豊かな観光スポットが多く、ドライブにはうってつけの国道だ。

魚沼市の山間部には、開湯1300年の歴史を誇る大湯温泉をはじめ、いくつもの温泉郷が集まっているほか、新潟県、群馬県、福島県の県境付近には、越後駒ヶ岳《えちごこまがたけ》（標高2003m）、中ノ岳《なかのだけ》（標高2085m）、八海山《はっかいさん》（標高1778m）の越後三山《さんざん》、奥只見湖、尾瀬ヶ原がある。栃木県に入れば鬼怒川《きぬがわ》温泉や日光へのアクセスも容易だ。

酷道も観光地も、いかようにも楽しめる。それが現代の**352号**なのだ。

国道
482
ROUTE

露出した石が立ちふさがる！凶悪な国道未開通区間

京都府北部の丹後《たんご》半島をグルリと回るように配され、兵庫県北部から鳥取県と岡山県の県境付近を西に向かって横断するのが**482号**である。起点は日本三景のひとつ天橋立《あまのはしだて》がある京都府宮津《みやづ》市、終点は山陰地方の商都・鳥取県米子《よなご》市。

山陰地方を横断する332・7㎞という総延長ながら、さまざまな国道と重複しているため、いまひとつ印象が薄い。丹後半島を周回しているといっても、**178号**との重複がほとんどで、**482号**の存在に気づかないほどだ。

3つのトンネルは個性派ぞろい

国道に指定されたのは1993（平成5）年。国道化された当時は4カ所の未開通区間があった。

そのうち京都府京丹後《きょうたんご》市～兵庫県豊岡《とよおか》市間のたんたんトンネル（1996＝平成8年開通）、鳥取県八頭《やず》町～同鳥取市間のまぢトンネル（1998＝平成10年開通）、兵庫県豊岡市〜同香美《かみ》町間の蘇武《そぶ》トンネル（2003＝平成15年開通）の3カ所は工事が終わって運用されている。ちなみに、たんたんトンネルというのは但東《たんとう》と丹後を結ぶことから名づけられたという。

また、蘇武トンネルは近隣では最長のトンネルで、全長3692mもある。まぢトンネルも印象的な名前だが、近隣にある馬路《まじ》の地名が由来と考えられる。鳥取県内には間地《まじ》トンネルという別トンネルもあるため、混同を避けて平仮名表記にしたのかもしれない。

国道に代わる町道は悪路の典型

残る1カ所は、兵庫県香美《かみ》町内の鳥取県若桜《わかさ》町との境界付近なのだが、いまだ開通していない。この区間は林道でもある香美町道岩小屋《いわごや》線が連絡しており、車両の通り抜けは可能。ただ、道幅が狭いため、普通自動車以下に限定されている。現在は、この町道も舗装が完了しており、町道を含めた**482号**は全線が舗装路となっている。

今でこそ舗装路となっているが、1990年代半ばまで、**482号**の未通区間にあたる香美町道岩小屋線はダート路面が残り、相当な悪路として知られていた。

宮津市側からスタートして香美町道岩小屋線に向かうには、**9号**との重複区間を経て、香

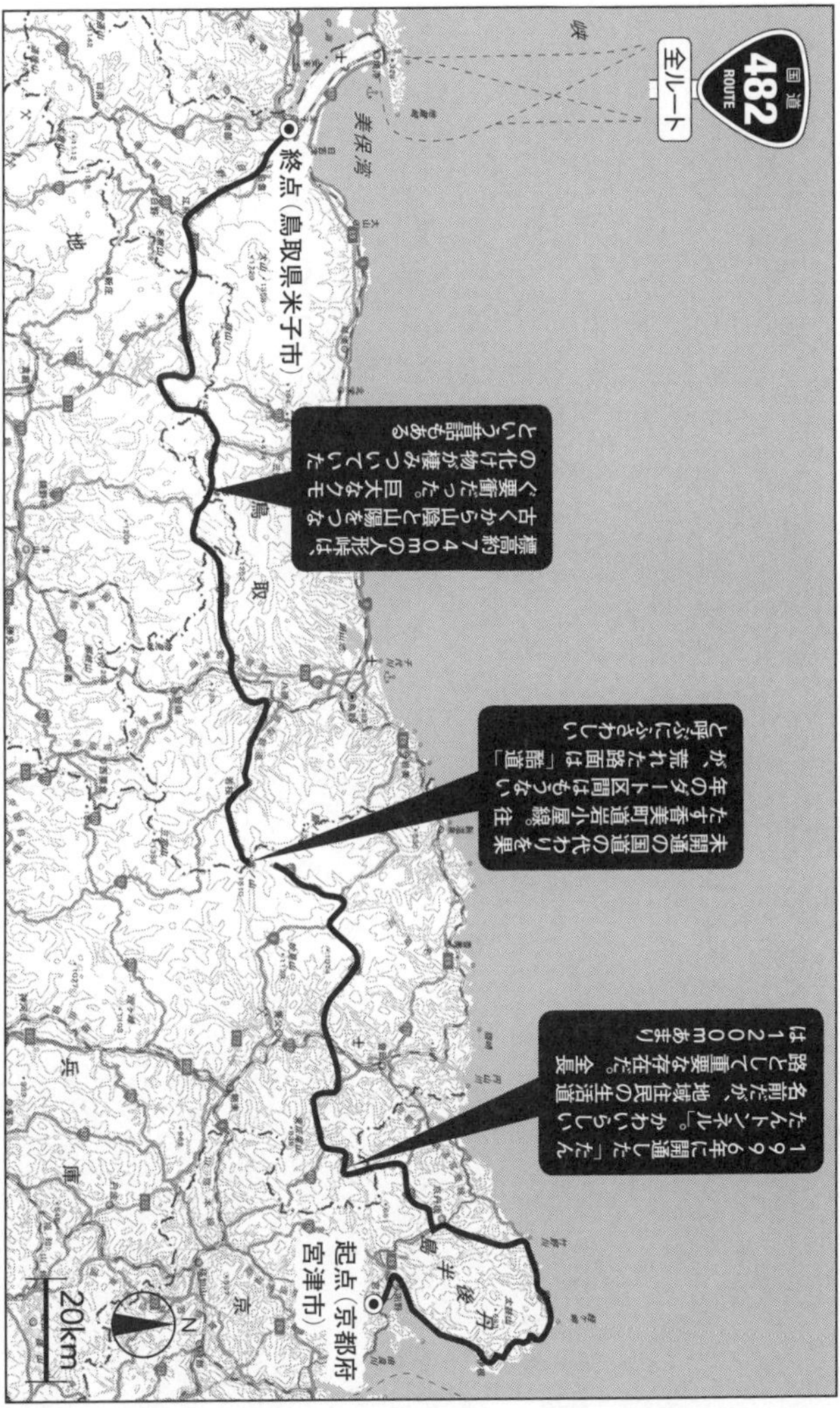
国道
482
ROUTE
全ルート
終点（鳥取県米子市）
起点（京都府宮津市）
美保湾
標高約740mの人形峠は、古くから山陰と山陽をつなぐ要衝だった。巨大なクモの化け物が棲みついていたという昔話もある
未開通の国道の代わりを果たす香美町道若小屋線。往年のダート区間はもうないが、荒れた路面は「酷道」と呼ぶにふさわしい
1996年に開通した「たんたんトンネル」。かわいらしい名前だが、地域住民の生活道路として重要な存在だ。全長は1200mあまり
鳥取
兵庫
丹後半島
N
20km

美町村岡《むらおか》区付近で分岐し、**482号**の単独区間となって矢田川《やだがわ》沿いを南西へと進む。県道89号や県道87号との分岐を直進していくと、はじめは広かった道幅は次第に狭く、心もとなくなってくる。周囲に小集落の民家も見えなくなったころには、路面は荒れ始め、ガードレールもない曲がりくねった道が続くようになる。香美町道岩小屋線でなくとも、「酷道」感は十分だ。**482号**は小代《おじろ》区熱田口《あつたぐち》まで。その先が香美町道岩小屋線で、通り抜けた先から再び**482号**が始まる。

香美町道岩小屋線は幅員が1車線で、すれ違うスペースはなく、ガードレールも整備されていない。道は小代渓谷沿いに通っているので、ハンドル操作を誤れば谷底に落ちる恐れもある気の抜けない区間であった。渓谷沿いの区間が終わっても、今度は路面状況がさらに悪化。路面の溝は深く、ところどころで大きな石が露出していたりと、悪路の典型がそこにあった。車高が低い普通車両であれば、底をこすらないよう細心の注意が必要なほどのデコボコ具合だったのである。

区間内の案内板も「これより先、幅員狭小」「落石のおそれあり」「悪路のため車両通行困難」と、注意を促すというより、通行そのものを思いとどまらせようとしているかのような雰囲気が漂っていたという。

鳥取県の八頭町～鳥取市間を通る「まぢトンネル」

小代渓谷沿いのガードレールのない狭小な道（兵庫県香美町）

舗装されてはいるものの、もともとが林道のため気象の影響を受けやすい。現在でも悪天候や路面状況により、この区間は通行止めになることがある。

町道が不通でも沿線は魅力満載

総延長が332・7㎞もあれば、未開通の「酷道」区間以外にも、さまざまな魅力を備えている。

浦島太郎《うらしまたろう》伝説が残る丹後半島では、起点の宮津市にある天橋立はもちろん、断崖絶壁に貼りつくように走る区間があったり、船の収納庫の上に住居がある伝統建築・伊根《いね》の舟屋《ふなや》が見られたり、この地域ならではの景色が楽しめる。

香美町道岩小屋線を越えた鳥取県側では若桜鉄道との並走区間がある。1930（昭和5）年開通で、沿線の主要施設がまるごと国の登録有形文化財に認定される若桜鉄道は、鉄道ファンの間で人気が高い。日本初のウラン鉱床発見で有名な人形峠《にんぎょうとうげ》の近隣も通過する。さらに終点の米子市付近では、中国地方最高峰の大山《だいせん》（標高1729ｍ）も望める。

482号は、過酷なルートの香美町道岩小屋線と併せて、丹後半島や山陰地方の魅力を味わうことができる国道だ。

国道
140
ROUTE

〝開かず〟の国道だけに!? トイレの中を通り抜けていた！

埼玉県熊谷市から秩父《ちちぶ》市を経由し、山梨県富士川町に至る**１４０号**。このルート上の埼玉県秩父市にある羊山《ひつじやま》公園は秩父の街並みが見渡せる高台にあり、桜や芝桜《しばざくら》、花菖蒲《はなしょうぶ》が楽しめる。

また、お花見や遠足のスポットとして人気の公園や、天然記念物に指定されている橋立《はしだて》鍾乳洞《しょうにゅうどう》、荒川水系浦山川《うらやまがわ》に建設された浦山ダム、満天の星空が見えると人気の栃本《とちもと》広場など、多くのスポットがある。

１９６５（昭和40）年に、二級国道甲府《こうふ》熊谷線として指定施行されているが、なんと１９９８（平成10）年までの33年もの間、埼玉と山梨の県境には車両通行ができない不通区間があり、長い間「開かずの国道」と呼ばれていた。

ただし、車両の通行は不能であったが、国道としては道がつながっていたため、雁坂峠《かりさかとうげ》を越える登山道が国道として指定されていた。

雁坂峠の標高は２０８２ｍで、日本三大峠のひとつにあげられる難所である。ほかの２

つは三伏峠《さんぷくとうげ》（南アルプス）と針《はり》ノ木《き》峠《とうげ》（北アルプス）。

山梨県側にトンネルを出たところからすぐのあたりには、渓谷美を誇る西沢《にしざわ》渓谷がある。ここは巨大な花崗岩《かこうがん》を清流が浸食してできた渓谷。「日本の滝百選」にも選ばれた名瀑《めいばく》・七《なな》ツ釜《がま》五段《ごだん》の滝《たき》や、三重《さんじゅう》の滝《たき》、竜神《りゅうじん》の滝《たき》、恋糸《こいいと》の滝《たき》、貞泉《さだいずみ》の滝《たき》など、さまざまな滝を見ることができるスポットであり、多くの人が訪れる場所なのだ。

トンネルに入るための待ち時間5分の信号

この140号は、秩父湖大橋が2013（平成25）年に開通するまでは、駒《こま》ケ《が》滝《たき》隧道（現在は閉鎖）を通行していた。

ここに幅2・5m、高さ3・4mの対向車とのすれ違いができない小さなトンネルがあり、トンネルに入る前に設けられていたトンネル専用信号機が待ち時間5分といわれた信号機なのだ。

一般的な信号の停止時間は、おおむね1分から2分程度のため非常に長い。さらに進んだ雁坂峠のルートは「秩父往還《おうかん》」「彩《さい》甲《か》斐《い》街道」「雁坂みち」とも呼ばれている。「秩父往

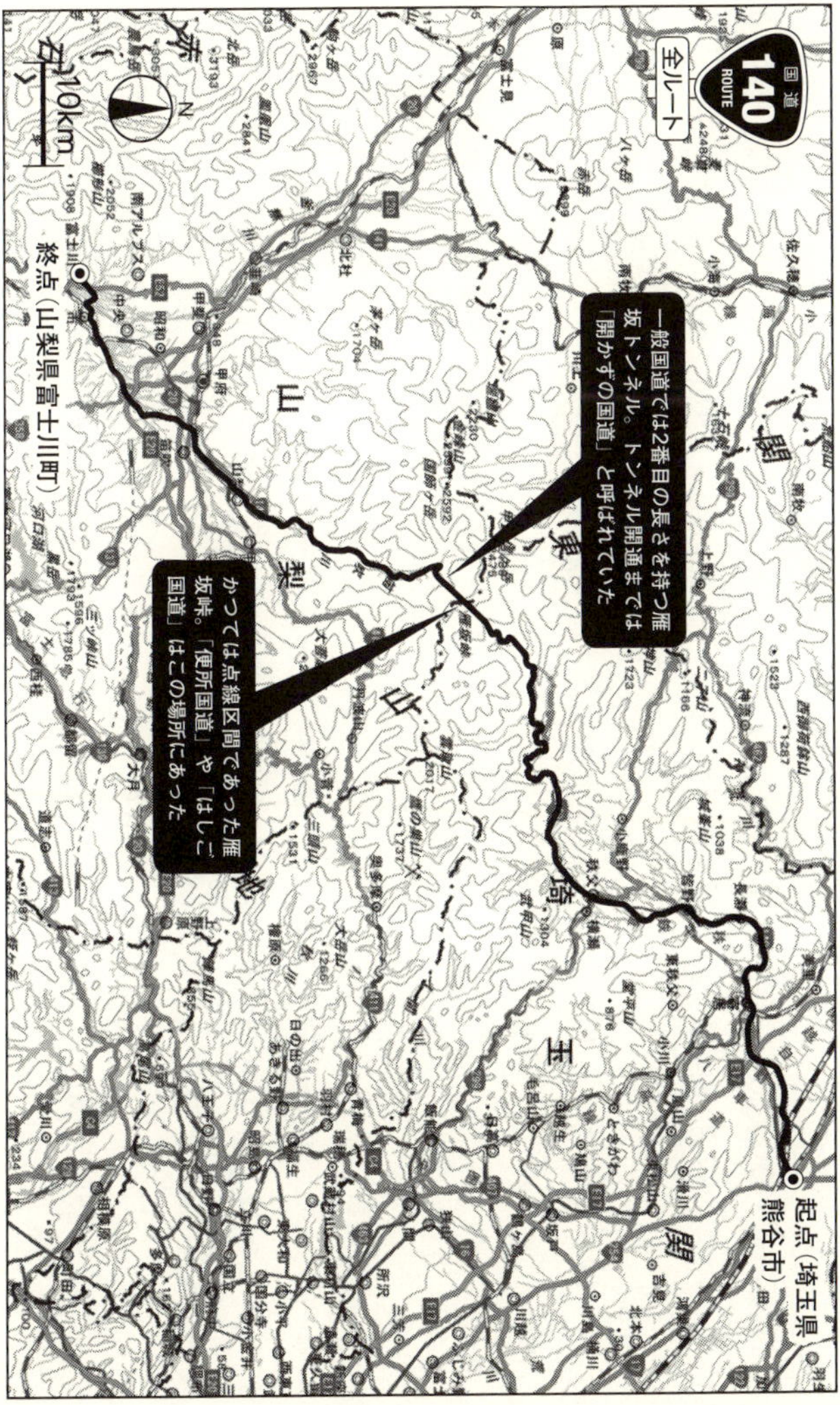
国道
140
ROUTE
全ルート
一般国道では2番目の長さを持つ雁坂トンネル。トンネル開通までは「開かずの国道」と呼ばれていた
かつては点線区間であった雁坂峠。「便所国道」や「はしご国道」はこの場所にあった
起点（埼玉県熊谷市）
終点（山梨県富士川町）
10km
N

還」は歴史ある道だ。

というのも、かつて秩父地方では、山間村落の養蚕によって生糸や絹織物が生産され、秩父銘仙《めいせん》の産地として知られ、絹商人が多く往来していた。

また、秩父の観音霊場《かんのんれいじょう》34カ所巡りの道は西国、坂東《ばんどう》と合わせて100カ所になることから、「信仰の道」として、江戸時代には月に1万人以上の人が足繁く訪れていたという。ほかにも、甲斐の武田信玄によって軍用道として整備された道との説もあるなど、歴史が刻まれた道なのだ。

はしごもトイレの通路も国道！

そんな歴史ある雁坂峠の登山道で、「黒岩《くろいわ》ルート」が国道指定されている。土埃《つちぼこり》が舞いそうなほど整備されていない道路や、急勾配のある山道もあり、ここが国道と指定されていたというから驚きだ。

さらに、2〜3mの崖を登るところに工事用のアルミ製はしごが立てかけられた「はしご国道」まである。**339号**（160ページ参照）のもはや観光地化している「階段国道」に匹敵する、意外性のある国道である。

テーマ別国道セレクション　港国道5選

国道番号	場所	概要
174	兵庫県 神戸市	神戸港に向かう日本最短の国道
133	神奈川県 横浜市	横浜港と連絡した明治国道1号を引き継いでいる
189	山口県 岩国市	岩国飛行場へとつなぎ、日本で唯一、在日米軍基地を起点としている
154	愛知県 名古屋市	起点の名古屋港は水族館などがあり、観光道路としての側面もある
149	静岡県 静岡市	清水港を起点とし、150号と起点を共有している珍しい港国道

便所国道は雁坂峠の登山道の途中にあった（埼玉県秩父市）

極めつきは、国道に指定されているこの道に、トイレの中を通り抜けていた部分があったのだ。場所は登山者が宿泊に利用する雁坂小屋付近。登山道ではあるが、ここは国道である。

幅が数mのトイレの通路が国道とされていたのだ。つまり、国道をたどっていくと、自動的にトイレの中に入ってしまうのだ。国道上で堂々と用を足せた場所は、ほかを探してもここだけではないだろうか。

このため「便所国道」と呼ばれているこの道。トイレを迂回して、わきを通せばよかったのでは？　と思ってしまうが、そうしなかった理由は不明。

いずれにせよ、おかげで、なんともユニークな、全国でも唯一無二の国道が誕生したのだった。

雁坂峠を越える車道はなかなか完成しなかったため、「開かずの国道」とも呼ばれていた。車での峠越えができるようになったのは1998（平成10）年のこと。

一般国道の山岳トンネルとしては日本最長の6625mを誇る雁坂トンネルが開通。このトンネルの開通によって、黒岩ルートは国道の指定を外れ、たんなる登山道となり、トイレはただのトイレとなってしまったのだった。

国道 341 ROUTE

国道指定後わずか4年！短命に終わったダート区間

秋田県鹿角市と由利本荘《ゆりほんじょう》市をつないでいる総延長175・8㎞の**341号**は、鹿角市～仙北《せんぼく》市（当時は田沢湖《たざわこ》町）間が1975（昭和50）年に国道に指定され、鹿角市～由利本荘市（当時は本荘市）間が1993（平成5）年、もともと敷設されていた県道35号のルートを踏襲するかたちで国道に指定された。

国道指定時期が早かった前者の区間は早くから路面整備が進んでいたが、後期に指定された区間は、しばらくは秋田市と由利本荘市の境界付近にダート区間が残っていた。そのため道路ファンの間では「酷道」としても知られていたのだが、指定後は道路整備がいち早く行われ、わずか4年後の1997（平成9）年には区間内の舗装が完了することになる。**341号**のダート区間は短命に終わってしまうのだった。

雨水に浸食された急坂の悪路

国道指定された1993（平成5）～1997（平成9）年当時のダート区間は、どのような様子だったのだろうか。

目当てのダート区間へは、大仙山《だいせんざん》を源流とする一級河川・雄物川《おものがわ》沿いを走り、秋田市雄《ゆう》和《わ》（当時は雄和町）の石川《いしかわ》付近から山道に突入し、標高約380mの高尾山《たかおさん》へと向かっていく。高尾山を過ぎて、峠道を下りに差しかかったあたりからがダート区間の始まり。道幅は車同士のすれ違いもままならない1車線だ。さらに進んでいくと坂は急になり、路面条件も、深い溝が刻まれているなど一気に悪化する。路面の悪化は急傾斜のせいで雨水の浸食が激しいためだと考えられる。

走ること1㎞あまりでダート区間は終了。左手に鷺沼《さぎぬま》が見えてくるあたりでは、舗装されて走りやすい道に戻る。

道が安定してホッとするのも束の間、不意打ちのようにダート区間が再開する。2度目のダート区間は田園地帯を走る農道風だ。由利本荘市岩城滝俣《いわきたきのまた》（当時は岩城町滝俣）の集落周辺でダート区間は終わりを告げる。

2度にわたるダート区間の総延長は2・7㎞ほど。それほど長い距離ではないが、林道風の山岳コースと農道のようなシュールな風景が連続して体験できる、味わい深いルートだったようだ。

国道
341
ROUTE
全ルート
起点（秋田県鹿角市）
かつて約1kmのダート区間があった秋田市雄和～由利本荘市岩城滝俣間。舗装されたとはいえ、木々で見通しが悪い危険な道が残る
鹿角市から仙北市にかけては国道指定の時期が早く、道路整備が進んだ。ただし、積雪が非常に多い冬期は通行が制限される区間もある
終点（秋田県由利本荘市）
出
羽
山
地
秋
田
横
手
盆
地
10km

舗装された現在も「酷道」ぶりは健在

ダート区間は姿を消してしまったとはいえ、**341号**の秋田市雄和から由利本荘市岩城を走る区間は、今もハイレベルな「酷道」であることに変わりはない。道幅は大型車両の通行が困難なほど狭隘で、女米木《めめき》付近からは木々に囲まれた薄暗い道が延々と続く。ヘアピンカーブでは木立が途切れて日が差す場所もあるが、大部分は鬱蒼《うっそう》とした森の中で、路面に苔《こけ》が生えている箇所もある。いちおう舗装はされているが、見通しが悪いため、速度を上げるのは危険だ。

山道に突入して3㎞弱で高尾山キャンプ場の駐車場が現れる。駐車場といっても殺風景な広場なのだが、「酷道」走破の貴重な休憩スポットである。駐車場をあとにしてしばらく走ると、荘厳な赤い鳥居が現れる。開基1300年以上の歴史があり、山伏の修験場でもあったという高尾神社だ。高尾神社に立ち寄ることもできるが、奥宮《おくみや》まで往復すると徒歩で1時間以上を要する。時間に余裕があるなら足を延ばしてみてもいい。

高尾神社の鳥居を横目にさらに進むと、道幅は対向車とのすれ違いが可能な1・5車線まで広がり、多少通行にゆとりが出てくる。ただ、周囲の山深さは相変わらずだ。場所によってはガードレールがないが、路肩が断崖絶壁というわけではないので、転落の恐怖は

女米木の「酷道」区間に入る前は田園風景が広がる（秋田県秋田市）

秋田市雄和女米木の「酷道」区間

さほどないだろう。

由利本荘市街に向けて下っていくと、木々の間から亀田不動滝《かめだふどうのたき》が確認できる。**341号**からも見えるが、滝の下まで下りることも可能だ。幅10m、落差25mで水量も多く、なかなかの迫力。**341号**沿いに小さな駐車場があるので、寄り道する場合は見落とさないよう注意が必要だ。

山あいを抜けて爽快な海沿いへ

峠道を抜けると、ところどころに水田が確認できる農地の間を走る。道幅は2車線と1・5車線の繰り返し。峠道に比べて見通しがよく、道が狭くても山中より格段に走りやすい。

その後、道路沿いの集落も徐々に規模が大きくなり、人里に下りてきたことが実感できる。その先は**7号**との重複区間で日本海沿いを南下していく。木に囲まれた峠道の圧迫感とは対照的な爽快感と開放感を味わえる道のりだ。

舗装が完了し、1990年代当時の様子がすっかり失われてしまったことは非常に残念だが、現在でも**341号**の「酷道」区間にはドライバーの冒険心をくすぐる魅力がつまっている。

コラム　天才が生まれる！　国道の都市伝説

田中角栄の東京・目白《めじろ》の自宅から新潟の実家までは3回曲がるだけで到着することができる——。建設や運輸行政に強い影響力を持った角栄らしい都市伝説だが、これは本当で、テレビ番組の企画などで証明されている。

愛知県名古屋市を起点とし、富山県富山市が終点の**41号**は「天才が育つ道」といわれている。岐阜県高山《たかやま》市から飛騨《ひだ》市、富山県富山市と続く沿線地域からはノーベル賞受賞者を5人も輩出している。富山市出身の田中耕一《たなかこういち》さん、富山市で学生時代を過ごした利根川進《とねがわすすむ》さんも。さらに学生時代を高山市で過ごした白川英樹《しらかわひでき》さん。飛騨市に研究施設がある小柴《こしば》昌俊《まさとし》さん、梶田隆章《かじたたかあき》さんがそうだ。

それゆえ、「ノーベル街道」の別名があり、富山県民会館前にはノーベル街道のモニュメントが置かれている。

41号には伝説がもうひとつ。「億万長者が出る道」ともいわれており、沿線の宝くじ売り場から総額400億円以上の当たりが出ているそうだ。なかでも、2015（平成27）年に同一店舗で2等の1000万円が6本も出ているのだとか。

国道全459路線リスト

番号	起点	終点	総延長	制定年	備考
1	東京都中央区	大阪府大阪市	760.9	1952 (昭和27)	東海道がルーツ、実延長が2番目に長い国道
2	大阪府大阪市	福岡県北九州市	671.4	1952 (昭和27)	海上国道、海底トンネルには国道標識もある
3	福岡県北九州市	鹿児島県 鹿児島市	509.6	1952 (昭和27)	国道10号と並ぶ九州の大動脈
4	東京都中央区	青森県青森市	836.7	1952 (昭和27)	実延長最長国道
5	北海道函館市	北海道札幌市	301.2	1952 (昭和27)	「赤松街道」は「歴史国道」に選定
6	東京都中央区	宮城県仙台市	439.9	1952 (昭和27)	日立バイパスが走る
7	新潟県新潟市	青森県青森市	566.4	1952 (昭和27)	江戸時代の「羽州街道」の一部
8	新潟県新潟市	京都府京都市	602.1	1952 (昭和27)	江戸時代の「北国街道」の一部
9	京都府京都市	山口県下関市	784.1	1952 (昭和27)	日本で3番目に長い国道
10	福岡県北九州市	鹿児島県 鹿児島市	551.4	1952 (昭和27)	江戸時代の「日向街道」の一部
11	徳島県徳島市	愛媛県松山市	275.9	1952 (昭和27)	四国の中で最も若い番号の国道
12	北海道札幌市	北海道旭川市	156.9	1952 (昭和27)	日本一長い直線道路
13	福島県福島市	秋田県秋田市	384.9	1952 (昭和27)	江戸時代の「羽州街道」の一部
14	東京都中央区	千葉県千葉市	65.0	1952 (昭和27)	明治以降は「千葉街道」「房総街道」などの呼称も
15	東京都中央区	神奈川県横浜市	29.6	1952 (昭和27)	前身は明治時代の「1号国道」
16	神奈川県横浜市	神奈川県横浜市	341.1	1952 (昭和27)	海上国道、起点と終点が同じ神奈川県横浜市
17	東京都中央区	新潟県新潟市	459.0	1952 (昭和27)	江戸時代の「中山道」および「三国街道」の一部
18	群馬県高崎市	新潟県上越市	230.8	1952 (昭和27)	ほぼ全線で「しなの鉄道」などの鉄道と並走
19	愛知県名古屋市	長野県長野市	272.6	1952 (昭和27)	江戸時代の「中山道」および「下街道」の一部
20	東京都中央区	長野県塩尻市	230.9	1952 (昭和27)	江戸時代の「甲州街道」の一部
21	岐阜県瑞浪市	滋賀県米原市	120.8	1952 (昭和27)	江戸時代の「中山道」の一部
22	愛知県名古屋市	岐阜県岐阜市	37.0	1952 (昭和27)	東海道と中山道を結ぶ「美濃路」を継承
23	愛知県豊橋市	三重県伊勢市	241.6	1952 (昭和27)	終点が伊勢神宮
24	京都府京都市	和歌山県 和歌山市	228.3	1952 (昭和27)	「渋滞酷道」として有名
25	三重県四日市市	大阪府大阪市	230.4	1952 (昭和27)	名阪国道を通る
26	大阪府大阪市	和歌山県 和歌山市	81.7	1952 (昭和27)	地元では「ニーロク」と親しまれている
27	福井県敦賀市	京都府京丹波町	136.0	1952 (昭和27)	北陸と山陰の架け橋
28	兵庫県神戸市	徳島県徳島市	198.8	1952 (昭和27)	海上国道、明石海峡と鳴門海峡の2カ所
29	兵庫県姫路市	鳥取県鳥取市	118.9	1952 (昭和27)	古来から播磨～因幡の主要路
30	岡山県岡山市	香川県高松市	97.5	1952 (昭和27)	海上国道、岡山県玉野市～香川県高松市間
31	広島県海田町	広島県呉市	35.5	1952 (昭和27)	一部区間でセンターライン変移区間がある
32	香川県高松市	高知県高知市	141.3	1952 (昭和27)	四国の山地をかき分けて走る

番号	起点	終点	総延長	制定年	備考
33	高知県高知市	愛媛県松山市	125.8	1952 (昭和27)	高知と松山を最短距離で結ぶ
34	佐賀県鳥栖市	長崎県長崎市	149.6	1952 (昭和27)	嬉野市内の湯野田橋は最古の橋
35	佐賀県武雄市	長崎県佐世保市	35.3	1952 (昭和27)	佐世保市中心部では6車線になる
36	北海道札幌市	北海道室蘭市	133.8	1952 (昭和27)	初めてアスファルトで舗装された国道
37	北海道長万部町	北海道室蘭市	84.3	1952 (昭和27)	北海道内で唯一、全長100km未満の国道
38	北海道滝川市	北海道釧路市	319.8	1952 (昭和27)	北海道の東西を結ぶ大動脈
39	北海道旭川市	北海道網走市	235.0	1952 (昭和27)	1960年に石北峠を通る現ルートに変更
40	北海道旭川市	北海道稚内市	299.2	1952 (昭和27)	一時期、新旧2つの経路があった
41	愛知県名古屋市	富山県富山市	260.7	1959 (昭和34)	通称「ヨンイチ」
42	静岡県浜松市	和歌山県 和歌山市	521.2	1959 (昭和34)	海上国道、海上区間は259号との重複区間
43	大阪府大阪市	兵庫県神戸市	30.0	1959 (昭和34)	「ヨンサン」の通称が定着しつつある
44	北海道釧路市	北海道根室市	125.0	1963 (昭和38)	最東端に位置する国道
45	宮城県仙台市	青森県青森市	667.2	1963 (昭和38)	東日本大震災のときに甚大な被害を受ける
46	岩手県盛岡市	秋田県秋田市	102.2	1963 (昭和38)	長距離トラックの通行量が多い
47	宮城県仙台市	山形県酒田市	190.5	1963 (昭和38)	仙台北部道路は法令上、47号のバイパス
48	宮城県仙台市	山形県山形市	76.2	1963 (昭和38)	山形県側は「関山街道」、宮城県側は「竹並街道」
49	福島県いわき市	新潟県新潟市	248.2	1963 (昭和38)	峠道が続き、カーブの多い区間がある
50	群馬県前橋市	茨城県水戸市	155.7	1963 (昭和38)	北関東3県の大動脈
51	千葉県千葉市	茨城県水戸市	127.6	1963 (昭和38)	関東の主要港をつなぐ
52	静岡県静岡市	山梨県甲府市	95.7	1963 (昭和38)	峠道が多く、急坂と急カーブが連続する
53	岡山県岡山市	鳥取県鳥取市	146.6	1963 (昭和38)	山陰と山陽をつなぐ連絡路のひとつ
54	広島県広島市	島根県松江市	171.2	1963 (昭和38)	宍道湖や原爆ドームが見どころ
55	徳島県徳島市	高知県高知市	236.3	1963 (昭和38)	路線のほとんどが海岸沿いで、ドライブに最適
56	高知県高知市	愛媛県松山市	337.8	1963 (昭和38)	沿線にはお遍路の姿が見られる
57	大分県大分市	長崎県長崎市	295.9	1963 (昭和38)	海上国道、214号、215号、216号の3路線が統合
58	鹿児島県 鹿児島市	沖縄県那覇市	884.4	1972 (昭和47)	海上国道、総延長距離第1位
101	青森県青森市	秋田県秋田市	267.1	1953 (昭和28)	「ラビリンス国道」とも呼ばれる
102	青森県弘前市	青森県十和田市	114.2	1953 (昭和28)	十和田市周辺では冬期閉鎖もある
103	青森県青森市	秋田県大館市	144.7	1953 (昭和28)	十和田湖周辺はワインディングロード
104	青森県八戸市	秋田県大館市	126.3	1953 (昭和28)	長距離トラック、トレーラーの通行量が多い
105	秋田県 由利本荘市	秋田県北秋田市	179.2	1953 (昭和28)	途中の大覚野峠は阿仁鉱山の食糧輸送路だった
106	岩手県宮古市	岩手県盛岡市	92.7	1953 (昭和28)	古くは宮古街道と呼ばれた
107	岩手県大船渡市	秋田県 由利本荘市	193.0	1953 (昭和28)	復興支援道路のひとつ

番号	起点	終点	総延長	制定年	備考
108	宮城県石巻市	秋田県 由利本荘市	187.7	1953 (昭和28)	仙台～湯沢間を2時間半で抜ける利便性
112	山形県山形市	山形県酒田市	166.0	1953 (昭和28)	途中は山形自動車道の路線に組み込まれている
113	新潟県新潟市	福島県相馬市	238.4	1953 (昭和28)	山形～新潟間の重要幹線道路
114	福島県福島市	福島県浪江町	70.6	1953 (昭和28)	2017年に通行止めが解除
115	福島県相馬市	福島県猪苗代町	112.9	1953 (昭和28)	福島～会津若松間の短絡路
116	新潟県柏崎市	新潟県新潟市	78.9	1953 (昭和28)	新潟県中越沖地震で一部区間の路盤が陥没
117	長野県長野市	新潟県小千谷市	127.4	1953 (昭和28)	18号との重複区間は通称「アップルライン」
118	茨城県水戸市	福島県 会津若松市	214.6	1953 (昭和28)	茨城県北部を縦貫
119	栃木県日光市	栃木県宇都宮市	91.9	1953 (昭和28)	「日本ロマンチック街道」の一部
120	栃木県日光市	群馬県沼田市	96.3	1953 (昭和28)	「日本ロマンチック街道」の一部
121	山形県米沢市	栃木県益子町	284.1	1953 (昭和28)	「日本の道100選」の日光杉並木を通過する
122	栃木県日光市	東京都豊島区	163.9	1953 (昭和28)	「ワン・ツー・ツー」の呼び名もある
123	栃木県宇都宮市	茨城県水戸市	70.8	1953 (昭和28)	通過エリアは農村地帯が多い
124	千葉県銚子市	茨城県水戸市	99.7	1953 (昭和28)	2002年W杯の開催に合わせてバイパスが開通
125	千葉県香取市	埼玉県熊谷市	165.2	1953 (昭和28)	千葉県内では単独区間がない
126	千葉県銚子市	千葉県千葉市	106.5	1953 (昭和28)	千葉～東金間は通称「東金街道」
127	千葉県館山市	千葉県木更津市	74.3	1953 (昭和28)	幅員が狭いトンネルが多い
128	千葉県館山市	千葉県千葉市	128.2	1953 (昭和28)	房総半島太平洋岸は通称「外房黒潮ライン」
129	神奈川県平塚市	神奈川県 相模原市	31.9	1953 (昭和28)	地元では「イチニーキュウ」と呼ばれる
130	東京都東京港	東京都港区	0.5	1953 (昭和28)	港国道、日本で3番目に短い
131	東京都羽田空港	東京都大田区	3.6	1953 (昭和28)	港国道、ターミナル移転で起点が空港から離れた
132	神奈川県川崎港	神奈川県川崎市	4.6	1953 (昭和28)	港国道
133	神奈川県横浜港	神奈川県横浜市	1.4	1953 (昭和28)	港国道、明治時代の「1号国道」を踏襲している
134	神奈川県 横須賀市	神奈川県大磯町	60.6	1953 (昭和28)	一部は箱根駅伝のコースとして有名
135	静岡県下田市	神奈川県 小田原市	104.5	1953 (昭和28)	首都圏から伊豆半島への主要道路
136	静岡県下田市	静岡県三島市	128.0	1953 (昭和28)	伊豆西南海岸の景勝地にある道路
137	山梨県 富士吉田市	山梨県笛吹市	39.4	1953 (昭和28)	愛称「御坂みち」
138	山梨県 富士吉田市	神奈川県 小田原市	73.3	1953 (昭和28)	富士山が見える区間が多い
139	静岡県富士市	東京都奥多摩町	132.9	1953 (昭和28)	富士市から富士宮市にかけては路線が複雑
140	埼玉県熊谷市	山梨県富士川町	222.3	1953 (昭和28)	半世紀不通だった区間も雁坂トンネル開通で解消
141	山梨県韮崎市	長野県上田市	118.7	1953 (昭和28)	八ヶ岳の東山麓を北上
142	長野県軽井沢町	長野県下諏訪町	91.1	1953 (昭和28)	ほぼ全線で中山道付近を通過
143	長野県松本市	長野県上田市	56.0	1953 (昭和28)	1890年に長野県道として使われていた

番号	起点	終点	総延長	制定年	備考
144	群馬県長野原町	長野県上田市	44.0	1953(昭和28)	羽根尾交差点では145号、146号と連番が交差
145	群馬県長野原町	群馬県沼田市	60.2	1953(昭和28)	「日本ロマンチック街道」の一部
146	群馬県長野原町	長野県軽井沢町	30.3	1953(昭和28)	「日本ロマンチック街道」の一部
147	長野県大町市	長野県松本市	31.4	1953(昭和28)	大北地域と松本地域を結ぶ主要道
148	長野県大町市	新潟県糸魚川市	70.5	1953(昭和28)	かつては信濃国に塩を運ぶ重要な街道
149	静岡県清水港	静岡県静岡市	2.6	1953(昭和28)	港国道、150号と起点が同じ
150	静岡県静岡市	静岡県浜松市	125.0	1953(昭和28)	静岡市や牧之原市の一部では海岸に近接
151	長野県飯田市	愛知県豊橋市	132.3	1953(昭和28)	通過する新野峠は狭隘区間
152	長野県上田市	静岡県浜松市	264.1	1953(昭和28)	点線国道
153	愛知県名古屋市	長野県塩尻市	228.9	1953(昭和28)	豊田市の伊勢神トンネルは車道幅員が狭い
154	愛知県名古屋港	愛知県名古屋市	4.0	1953(昭和28)	港国道、起点の名古屋港には観光スポットが多い
155	愛知県常滑市	愛知県弥富市	151.5	1953(昭和28)	豊田南バイパスはトヨタ自動車工場をオーバーパス
156	岐阜県岐阜市	富山県高岡市	216.5	1953(昭和28)	山間部では狭隘路と急カーブが続く
157	石川県金沢市	岐阜県岐阜市	199.4	1953(昭和28)	「落ちたら死ぬ!!」看板がある
158	福井県福井市	長野県松本市	325.2	1953(昭和28)	「酷道」の峠がいくつもある
159	石川県七尾市	石川県金沢市	68.5	1953(昭和28)	通称「七尾街道」
160	石川県七尾市	富山県高岡市	45.3	1953(昭和28)	愛称「能登立山シーサイドライン」
161	福井県敦賀市	滋賀県大津市	108.0	1953(昭和28)	北陸と近畿をつなぐ琵琶湖西岸の重要路線
162	京都府京都市	福井県敦賀市	149.9	1953(昭和28)	御経坂峠では急カーブが連続
163	大阪府大阪市	三重県津市	118.2	1953(昭和28)	ほぼ全線で25号、165号と並走
164	三重県四日市港	三重県四日市市	3.2	1953(昭和28)	港国道、商業港の雰囲気を色濃く持つ
165	大阪府大阪市	三重県津市	134.7	1953(昭和28)	単独区間の大半が近鉄大阪線と並行
166	大阪府羽曳野市	三重県松阪市	132.0	1953(昭和28)	「竹内街道」は日本最古の国道
167	三重県志摩市	三重県伊勢市	48.6	1953(昭和28)	伊勢、志摩地域住民の生活を支える路線
168	和歌山県新宮市	大阪府枚方市	188.8	1953(昭和28)	紀伊半島を縦断
169	奈良県奈良市	和歌山県新宮市	186.7	1953(昭和28)	熊野市以南は狭隘路が残る
170	大阪府高槻市	大阪府泉佐野市	142.1	1953(昭和28)	瓢箪山商店街はアーケード国道として有名
171	京都府京都市	兵庫県神戸市	69.1	1953(昭和28)	京阪神地域では通称「イナイチ」
172	大阪府大阪港	大阪府大阪市	8.0	1953(昭和28)	港国道、港国道の中で最も距離が長い
173	大阪府池田市	京都府綾部市	70.4	1953(昭和28)	「イナサン」の通称もある
174	兵庫県神戸港	兵庫県神戸市	0.2	1953(昭和28)	港国道、最短国道
175	兵庫県明石市	京都府舞鶴市	140.3	1953(昭和28)	かつては未舗装の「酷道」だったが、今は観光道路
176	京都府宮津市	大阪府大阪市	185.9	1953(昭和28)	大阪の十三では武田薬品工業の敷地内を通過

番号	起点	終点	総延長	制定年	備考
177	京都府舞鶴港	京都府舞鶴市	0.7	1953 (昭和28)	港国道、起点は漁港となっている
178	京都府舞鶴市	鳥取県岩美町	189.4	1953 (昭和28)	俗に「イナバ」と呼称
179	兵庫県姫路市	鳥取県湯梨浜町	154.1	1953 (昭和28)	三朝町の区間は「レインボーロード」と呼ばれる
180	岡山県岡山市	島根県松江市	177.2	1953 (昭和28)	岡山市北区沿線は参拝スポットが多く渋滞
181	岡山県津山市	鳥取県米子市	100.3	1953 (昭和28)	1957年開通の江川隧道は廃止に
182	岡山県新見市	広島県福山市	80.2	1953 (昭和28)	「イッパチニ」などの俗称がある
183	広島県広島市	鳥取県米子市	137.5	1953 (昭和28)	半分以上がほかの国道との重複路線
184	島根県出雲市	広島県尾道市	136.8	1953 (昭和28)	「カーナビの案内にかかわらず右折」の標識
185	広島県呉市	広島県三原市	70.0	1953 (昭和28)	全線で瀬戸内海沿岸を通過
186	島根県江津市	広島県大竹市	134.8	1953 (昭和28)	瀬戸内海沿岸を全線通り、ドライブに最適
187	山口県岩国市	島根県益田市	72.3	1953 (昭和28)	山口県側、島根県側とも河川に沿う
188	山口県岩国市	山口県下松市	72.4	1953 (昭和28)	多くの区間で山陽本線と並走
189	山口県岩国空港	山口県岩国市	0.4	1953 (昭和28)	港国道、日本で2番目に短い
190	山口県山口市	山口県 山陽小野田市	43.7	1953 (昭和28)	山口県内でも有数の交通量
191	山口県下関市	広島県広島市	290.8	1953 (昭和28)	一部区間は本州最西端を走る
192	愛媛県西条市	徳島県徳島市	142.3	1953 (昭和28)	3桁国道だが、国土交通省管轄
193	香川県高松市	徳島県海陽町	158.9	1953 (昭和28)	「いくさ国道」。素掘りトンネルが見られる
194	高知県高知市	愛媛県西条市	88.9	1953 (昭和28)	四国山地は悪路の山岳ルート
195	高知県高知市	徳島県徳島市	179.8	1953 (昭和28)	ほぼ全区間が片側1車線の快走コース
196	愛媛県松山市	愛媛県西条市	81.7	1953 (昭和28)	松山市や今治市の渋滞名所はバイパス開通で改善
197	高知県高知市	大分県大分市	274.8	1953 (昭和28)	海上国道、愛媛県佐田岬～大分県大分市間
198	福岡県門司港	福岡県北九州市	0.6	1953 (昭和28)	港国道、日本で4番目に短い国道
199	福岡県北九州市 門司区	福岡県北九州市 八幡西区	46.4	1953 (昭和28)	有料道路の若戸大橋は日本初の長大吊り橋
200	福岡県北九州市	福岡県筑紫野市	91.2	1953 (昭和28)	北九州市～筑紫野市間で3号をショートカット
201	福岡県福岡市	福岡県苅田町	91.1	1953 (昭和28)	福岡県の主要都市をつなぐ
202	福岡県福岡市	長崎県長崎市	245.2	1953 (昭和28)	福岡から長崎に抜ける裏道
203	佐賀県唐津市	佐賀県佐賀市	62.5	1953 (昭和28)	佐賀県を南北に縦断
204	佐賀県唐津市	長崎県佐世保市	161.8	1953 (昭和28)	玄界灘沿いを迂回し、眺めがいい
205	長崎県佐世保市	長崎県東彼杵町	23.3	1953 (昭和28)	ほぼ全線で大村線と並走
206	長崎県長崎市	長崎県佐世保市	61.8	1953 (昭和28)	長崎～佐世保間の最短道路
207	佐賀県佐賀市	長崎県時津町	118.6	1953 (昭和28)	長崎県道33号の分岐点から長与町にかけて狭隘
208	熊本県熊本市	佐賀県佐賀市	112.7	1953 (昭和28)	熊本、福岡、佐賀の有明海沿岸都市を結ぶ
209	福岡県大牟田市	福岡県久留米市	35.7	1953 (昭和28)	ほぼ全線で鹿児島本線と並走

番号	起点	終点	総延長	制定年	備考
210	福岡県久留米市	大分県大分市	147.8	1953（昭和28）	久留米市内をはじめ渋滞区間が多い
211	大分県日田市	福岡県北九州市	55.4	1953（昭和28）	嘉麻峠は集中豪雨で全面通行止め
212	大分県中津市	熊本県阿蘇市	134.5	1953（昭和28）	歴史国道「日田往還」の一部
213	大分県別府市	大分県中津市	148.3	1953（昭和28）	国東半島北部では16本のトンネルが通る
217	大分県大分市	大分県佐伯市	76.5	1953（昭和28）	10号と並走するルート
218	熊本県熊本市	宮崎県延岡市	138.4	1953（昭和28）	渓谷に沿っており、ルートには巨大な橋が多い
219	熊本県熊本市	宮崎県宮崎市	170.7	1953（昭和28）	球磨川と一ツ瀬川に沿う区間は災害が多い
220	宮崎県宮崎市	鹿児島県霧島市	188.2	1953（昭和28）	「日本の道100選」の日南海岸沿いを通過
221	熊本県人吉市	宮崎県都城市	74.0	1953（昭和28）	中九州と南九州をつなぐ重要路
222	宮崎県日南市	宮崎県都城市	61.5	1953（昭和28）	90年代半ばまで2車線未満の道路が続いていた
223	宮崎県小林市	鹿児島県霧島市	70.3	1953（昭和28）	「日本の道100選」の霧島市付近を通過
224	鹿児島県垂水市	鹿児島県鹿児島市	22.9	1953（昭和28）	「溶岩道路」とも呼ばれている
225	鹿児島県枕崎市	鹿児島県鹿児島市	52.2	1953（昭和28）	薩摩半島内陸部を横断
226	鹿児島県南さつま市	鹿児島県鹿児島市	155.2	1953（昭和28）	片側1車線未満や雨量規制などの区間がある
227	北海道函館市	北海道江差町	69.8	1953（昭和28）	北海道の3桁国道では最小番号
228	北海道函館市	北海道江差町	173.4	1953（昭和28）	茂辺地トンネルは幅員が狭かったため撤去
229	北海道小樽市	北海道江差町	306.3	1953（昭和28）	日本海と奇岩が続く絶景が人気
230	北海道札幌市	北海道せたな町	210.8	1953（昭和28）	かつては路線上に噴火口があった
231	北海道札幌市	北海道留萌市	129.6	1953（昭和28）	「ダイヤモンド国道」とも呼ばれている
232	北海道稚内市	北海道留萌市	177.8	1953（昭和28）	「日本海オロロンライン」の一部
233	北海道旭川市	北海道留萌市	122.6	1953（昭和28）	深川～留萌間は深川留萌自動車道が並走
234	北海道岩見沢市	北海道苫小牧市	69.6	1953（昭和28）	港と内陸部をつなぐ
235	北海道室蘭市	北海道浦河町	241.0	1953（昭和28）	通称「浦河国道」
236	北海道帯広市	北海道浦河町	197.8	1953（昭和28）	「北海道ガーデン街道」のひとつ
237	北海道旭川市	北海道浦河町	259.6	1953（昭和28）	旭川～富良野間の愛称は「北海道ガーデン街道」
238	北海道網走市	北海道稚内市	319.6	1953（昭和28）	最北端に位置する国道
239	北海道網走市	北海道留萌市	342.8	1953（昭和28）	北海道北部を東西に横断
240	北海道釧路市	北海道網走市	149.3	1953（昭和28）	通称「まりも国道」
241	北海道弟子屈町	北海道帯広市	172.1	1953（昭和28）	沿線には温泉や湖、火山が見えることで人気
242	北海道網走市	北海道帯広市	283.5	1953（昭和28）	オホーツク海、サロマ湖と海、湖沿いを走る
243	北海道網走市	北海道根室市	173.1	1953（昭和28）	美幌峠は屈斜路湖、大雪山系などが望める
244	北海道網走市	北海道根室市	153.9	1953（昭和28）	沿線の第一幾品川橋梁が国の登録有形文化財
245	茨城県水戸市	茨城県日立市	41.9	1956（昭和31）	茨城県北臨海部を走る幹線道路

番号	起点	終点	総延長	制定年	備考
246	東京都千代田区	静岡県沼津市	126.0	1956 (昭和31)	1号、15号と並ぶ重要な道路
247	愛知県名古屋市	愛知県豊橋市	167.0	1956 (昭和31)	半田市の経路が海岸沿いに変更
248	愛知県蒲郡市	岐阜県岐阜市	106.5	1956 (昭和31)	名古屋市を迂回する国道で、渋滞回避に便利
249	石川県七尾市	石川県金沢市	254.8	1956 (昭和31)	起終点は159号と同じだが、総延長は4倍
250	兵庫県神戸市	岡山県岡山市	126.9	1956 (昭和31)	ヘアピンカーブが続く区間がある
251	長崎県長崎市	長崎県諫早市	124.1	1956 (昭和31)	長崎市上戸石町の下り坂は「魔のカーブ」
252	新潟県柏崎市	福島県 会津若松市	197.8	1963 (昭和38)	新潟県魚沼市～福島県只見町館間は冬期通行止
253	新潟県上越市	新潟県南魚沼市	72.3	1963 (昭和38)	山間地を縫うように走る区間が多数
254	東京都文京区	長野県松本市	282.4	1963 (昭和38)	都心も通るため、道路状況は変化に富む
255	神奈川県秦野市	神奈川県 小田原市	19.0	1963 (昭和38)	足柄平野の主要ルート
256	岐阜県岐阜市	長野県飯田市	234.2	1963 (昭和38)	点線国道
257	静岡県浜松市	岐阜県高山市	225.9	1963 (昭和38)	「メロディーロード」がある
258	岐阜県大垣市	三重県桑名市	41.7	1963 (昭和38)	名神高速と東名阪道を連絡する路線
259	三重県鳥羽市	愛知県豊橋市	65.9	1963 (昭和38)	海上国道、海上区間は42号と重複
260	三重県志摩市	三重県紀北町	101.8	1963 (昭和38)	海上国道、三重県英虞湾をまたぐ
261	広島県広島市	島根県江津市	98.9	1963 (昭和38)	山陽と山陰をつなぐ
262	山口県萩市	山口県防府市	48.9	1963 (昭和38)	「維新街道」とも呼ばれる
263	福岡県福岡市	佐賀県佐賀市	57.8	1963 (昭和38)	三瀬峠は急勾配、急カーブの連続
264	佐賀県佐賀市	福岡県久留米市	26.4	1963 (昭和38)	地元住民は「江見線」と呼ぶことも
265	宮崎県小林市	熊本県阿蘇市	195.2	1963 (昭和38)	「九州酷道」の代表格
266	熊本県天草市	熊本県熊本市	158.5	1963 (昭和38)	「日本の道100選」の「パールライン」を通過する
267	熊本県人吉市	鹿児島県 薩摩川内市	79.2	1963 (昭和38)	久七トンネルは九州一般道路で最長
268	熊本県水俣市	宮崎県宮崎市	114.4	1963 (昭和38)	高岡町が宮崎市に編入され、終点が宮崎市に
269	鹿児島県指宿市	宮崎県宮崎市	174.8	1963 (昭和38)	海上国道、鹿児島県指宿市～同南大隅町間
270	鹿児島県枕崎市	鹿児島県 いちき串木野市	57.7	1963 (昭和38)	薩摩半島西岸を縦断
271	神奈川県 小田原市	神奈川県厚木市	31.7	1963 (昭和38)	全線が小田原厚木道路
272	北海道釧路市	北海道標津町	101.3	1970 (昭和45)	通称「ミルクロード」
273	北海道帯広市	北海道紋別市	236.0	1970 (昭和45)	三国峠の松見大橋は絶景スポット
274	北海道札幌市	北海道標茶町	394.6	1970 (昭和45)	北海道内で最長の国道
275	北海道札幌市	北海道浜頓別町	313.8	1970 (昭和45)	北海道の国道では2番目に長い
276	北海道江差町	北海道苫小牧市	324.8	1970 (昭和45)	江差町～岩内町161㎞は最長重複区間
277	北海道江差町	北海道八雲町	60.9	1970 (昭和45)	雲石峠は難所
278	北海道函館市	北海道森町	135.6	1970 (昭和45)	函館市内の区間は通称「漁火通」

番号	起点	終点	総延長	制定年	備考
279	北海道函館市	青森県野辺地町	159.7	1970(昭和45)	海上国道、海上区間は338号と重複
280	青森県青森市	北海道函館市	188.7	1970(昭和45)	海上国道、国道標識は青森県のみ
281	岩手県盛岡市	岩手県久慈市	77.5	1970(昭和45)	起点はNHK前の交差点
282	岩手県盛岡市	青森県平川市	118.0	1970(昭和45)	全区間で東北自動車道と並走
283	岩手県釜石市	岩手県花巻市	108.4	1970(昭和45)	別名は「釜石街道」
284	岩手県陸前高田市	岩手県一関市	61.6	1970(昭和45)	真滝バイパスが2012年に一気に開通
285	秋田県秋田市	秋田県鹿角市	120.5	1970(昭和45)	大館能代空港へのアクセス道路でもある
286	宮城県仙台市	山形県山形市	68.8	1970(昭和45)	仙台と山形をつなぐ主要路のひとつ
287	山形県米沢市	山形県東根市	82.0	1970(昭和45)	山形県内で完結する国道
288	福島県郡山市	福島県双葉町	83.4	1970(昭和45)	「ふくしま復興再生道路」の1路線
289	新潟県新潟市	福島県いわき市	275.2	1970(昭和45)	点線国道、過去には登山道に国道標識が
290	新潟県村上市	新潟県魚沼市	156.1	1970(昭和45)	通称「越後やまなみライン」
291	群馬県前橋市	新潟県柏崎市	187.6	1970(昭和45)	点線国道
292	群馬県長野原町	新潟県妙高市	124.3	1970(昭和45)	日本一標高が高い国道
293	茨城県日立市	栃木県足利市	168.8	1970(昭和45)	鹿沼市には3つの国道標識が立ち並ぶ
294	千葉県柏市	福島県会津若松市	239.6	1970(昭和45)	茨城県内の道路整備進捗が著しい
295	千葉県成田国際空港	千葉県成田市	5.7	1970(昭和45)	港国道、成田国際空港が起点となる
296	千葉県匝瑳市	千葉県船橋市	66.2	1970(昭和45)	酒々井～船橋間は「成田街道」とも呼ばれる
297	千葉県館山市	千葉県市原市	115.3	1970(昭和45)	房総半島を南北に縦貫
298	埼玉県和光市	千葉県市川市	43.8	1970(昭和45)	愛称は「東京外かく環状道路（外環）」
299	長野県茅野市	埼玉県入間市	203.4	1970(昭和45)	十石峠に向かう道は狭隘路
300	山梨県富士吉田市	山梨県身延町	25.0	1970(昭和45)	総延長約5kmの「中之倉バイパス」が建設中
301	静岡県浜松市	愛知県豊田市	102.6	1970(昭和45)	静岡県湖西市の利木バイパスが2018年に開通
302	愛知県名古屋市	愛知県名古屋市	76.1	1970(昭和45)	起点、終点が同じ
303	岐阜県岐阜市	福井県若狭町	133.0	1970(昭和45)	かつては八草峠など狭隘区間が多数
304	石川県金沢市	富山県南砺市	50.2	1970(昭和45)	「日本の道100選」のひとつ
305	石川県金沢市	福井県南越前町	174.5	1970(昭和45)	点線国道
306	三重県津市	滋賀県彦根市	88.5	1970(昭和45)	鞍掛峠の崩落で2019年初旬まで通り抜け不可
307	滋賀県彦根市	大阪府枚方市	114.9	1970(昭和45)	1号の京都市街地を迂回する裏道
308	大阪府大阪市	奈良県奈良市	35.1	1970(昭和45)	「日本の道100選」の暗峠を通過する
309	三重県熊野市	大阪府大阪市	124.7	1970(昭和45)	冬期通行止め区間がある
310	大阪府堺市	奈良県五條市	39.1	1970(昭和45)	急勾配と急カーブがあり、整備が遅れている
311	三重県尾鷲市	和歌山県上富田町	155.8	1970(昭和45)	田辺～尾鷲間は狭隘な425号の迂回路

番号	起点	終点	総延長	制定年	備考
312	京都府宮津市	兵庫県姫路市	237.1	1970 (昭和45)	緊急輸送道路に指定
313	広島県福山市	鳥取県北栄町	180.7	1970 (昭和45)	「ロマンチック街道313」と呼ばれている
314	広島県福山市	島根県雲南市	139.8	1970 (昭和45)	「奥出雲おろちループ」というループ橋がある
315	山口県周南市	山口県萩市	88.7	1970 (昭和45)	山口県中央部を縦断
316	山口県長門市	山口県 山陽小野田市	41.6	1970 (昭和45)	262号、315号と並ぶ日本海～瀬戸内海主要幹線
317	愛媛県松山市	広島県尾道市	189.5	1970 (昭和45)	海上国道、しまなみ海道の開通で一部解消
318	徳島県徳島市	香川県 東かがわ市	43.7	1970 (昭和45)	かつては強烈な狭隘区間があった
319	香川県坂出市	愛媛県 四国中央市	131.2	1970 (昭和45)	四国中央市の一部区間は狭く見通しが悪い「酷道」
320	高知県宿毛市	愛媛県鬼北町	90.6	1970 (昭和45)	宇和島～高知県中部間の速達コース
321	高知県四万十市	高知県宿毛市	84.3	1970 (昭和45)	「足摺サニーロード」と呼ばれる観光国道
322	福岡県北九州市	福岡県久留米市	117.5	1970 (昭和45)	災害などで通行止めになる区間が多い
323	佐賀県佐賀市	佐賀県唐津市	47.0	1970 (昭和45)	単独区間は幅員が狭い区間がある
324	長崎県長崎市	熊本県宇城市	137.6	1970 (昭和45)	海上国道、浜町商店街はアーケード国道として有名
325	福岡県久留米市	宮崎県高千穂町	75.7	1970 (昭和45)	かつては高千穂町付近に狭隘路があった
326	宮崎県延岡市	大分県 豊後大野市	67.3	1970 (昭和45)	実質的に10号のバイパス的存在
327	宮崎県日向市	熊本県山都町	95.2	1970 (昭和45)	美郷町～椎葉村間は通称「百万円道路」
328	鹿児島県 鹿児島市	鹿児島県出水市	63.3	1970 (昭和45)	紫尾峠など山間部ルートが多い
329	沖縄県名護市	沖縄県那覇市	85.7	1972 (昭和47)	沖縄本島東海岸を縦断する
330	沖縄県沖縄市	沖縄県那覇市	26.3	1972 (昭和47)	沖縄の国道で唯一、全線4車線
331	沖縄県那覇市	沖縄県大宜味村	161.1	1972 (昭和47)	名護市の旧道区間に地元民謡のメロディーライン
332	沖縄県那覇空港	沖縄県那覇市	3.9	1972 (昭和47)	港国道、途中から331号と重複
333	北海道旭川市	北海道北見市	169.9	1975 (昭和50)	網走刑務所の囚人によって道路整備が行われた
334	北海道羅臼町	北海道美幌町	121.8	1975 (昭和50)	「天に続く道」として絶景の名所
335	北海道羅臼町	北海道標津町	42.5	1975 (昭和50)	冬場は羅臼町外に出る唯一の道路
336	北海道浦河町	北海道釧路市	252.9	1975 (昭和50)	「黄金道路」「ナウマン国道」と呼ばれる区間がある
337	北海道千歳市	北海道小樽市	103.3	1975 (昭和50)	地域高規格道路の道央圏連絡道路に指定
338	北海道函館市	青森県 おいらせ町	261.2	1975 (昭和50)	海上国道、海上区間は338号と重複
339	青森県弘前市	青森県外ヶ浜町	126.5	1975 (昭和50)	点線国道、階段国道として有名
340	岩手県 陸前高田市	青森県八戸市	251.8	1975 (昭和50)	東日本大震災で救援物資の輸送路として活躍
341	秋田県鹿角市	秋田県 由利本荘市	175.8	1975 (昭和50)	未舗装区間があったが、現在は全区間舗装
342	秋田県横手市	宮城県登米市	148.5	1975 (昭和50)	平泉と松島を結ぶ観光道路
343	岩手県 陸前高田市	岩手県奥州市	65.8	1975 (昭和50)	鳶ヶ森道路の開通によって旧道は実質的に廃道
344	秋田県湯沢市	山形県酒田市	97.4	1975 (昭和50)	344号の標識があるのは山形県内だけ

番号	起点	終点	総延長	制定年	備考
345	新潟県新潟市	山形県遊佐町	208.8	1975（昭和50）	ほぼ全線にわたって7号と重複
346	宮城県仙台市	宮城県気仙沼市	128.8	1975（昭和50）	わずかだが岩手県を通る
347	山形県寒河江市	宮城県大崎市	89.0	1975（昭和50）	加美町～尾花沢市間は「銀山街道」と呼ばれた
348	山形県長井市	山形県山形市	45.1	1975（昭和50）	ほとんどの区間が追い越し禁止
349	茨城県水戸市	宮城県柴田町	270.4	1975（昭和50）	福島県内には狭隘区間が多数残存
350	新潟県新潟市	新潟県上越市	163.2	1975（昭和50）	海上国道、フェリー内には350号を示すマップが
351	新潟県長岡市	新潟県小千谷市	43.8	1975（昭和50）	17号に比べて狭隘区間などが多い
352	新潟県柏崎市	栃木県上三川町	331.3	1975（昭和50）	長岡市内に未開通区間
353	群馬県桐生市	新潟県柏崎市	175.7	1975（昭和50）	群馬県中之条町～新潟県湯沢町に不通区間が
354	群馬県高崎市	茨城県鉾田市	201.0	1975（昭和50）	茨城県の一部区間で狭隘区間がある
355	千葉県香取市	茨城県笠間市	97.6	1975（昭和50）	実質の起点は茨城県潮来市
356	千葉県銚子市	千葉県我孫子市	121.8	1975（昭和50）	我孫子駅そばのループは時速20km制限
357	千葉県千葉市	神奈川県横須賀市	88.1	1975（昭和50）	通称「東京湾岸道路」
358	山梨県富士河口湖町	山梨県甲府市	28.0	1975（昭和50）	精進湖湖岸を走るルート
359	富山県富山市	石川県金沢市	62.8	1975（昭和50）	通称「サンゴク」
360	富山県富山市	石川県小松市	118.0	1975（昭和50）	小松市の終点は一般国道と接続していない
361	岐阜県高山市	長野県伊那市	120.7	1975（昭和50）	中部山岳地帯を東西に横断する数少ない国道
362	愛知県豊川市	静岡県静岡市	157.7	1975（昭和50）	川根本町の青部バイパスが2018年に開通
363	愛知県名古屋市	岐阜県中津川市	80.7	1975（昭和50）	中津川市阿木に未整備区間
364	福井県大野市	石川県加賀市	70.7	1975（昭和50）	観光ルートとしての性格が強い
365	石川県加賀市	三重県四日市市	272.2	1975（昭和50）	越前市武生に終点方向への一方通行区間がある
366	愛知県半田市	愛知県名古屋市	23.8	1975（昭和50）	愛知県半田市に一方通行区間がある
367	京都府京都市	福井県若狭町	70.5	1975（昭和50）	京都市内で開催される駅伝大会のコースの一部
368	三重県伊賀市	三重県多気町	72.8	1975（昭和50）	3.5kmだけ奈良県を通過
369	奈良県奈良市	三重県松阪市	128.1	1975（昭和50）	栂坂バイパスは延長4,520m
370	和歌山県海南市	奈良県奈良市	126.2	1975（昭和50）	「メロディーロード」
371	大阪府河内長野市	和歌山県串本町	244.8	1975（昭和50）	点線国道
372	京都府亀岡市	兵庫県姫路市	98.9	1975（昭和50）	災害時の代替路線として重要な路線
373	兵庫県赤穂市	鳥取県鳥取市	116.8	1975（昭和50）	姫路城下から鳥取城下に至る「智頭往来」の一部
374	岡山県備前市	岡山県津山市	64.7	1975（昭和50）	沿線に温泉郷が点在
375	広島県呉市	島根県大田市	210.4	1975（昭和50）	中国地方を南北に横断
376	山口県山口市	山口県岩国市	70.0	1975（昭和50）	中国山地を縫うように走るが、全区間2車線
377	徳島県鳴門市	香川県観音寺市	123.2	1975（昭和50）	五名バイパスの開通で大窪寺への参拝者が増加

番号	起点	終点	総延長	制定年	備考
378	愛媛県伊予市	愛媛県宇和島市	124.8	1975(昭和50)	八幡浜市街以南はカーブが多く、狭隘区間が多い
379	愛媛県松山市	愛媛県内子町	53.6	1975(昭和50)	岩谷バイパスは異常気象時の通行規制を解消
380	愛媛県八幡浜市	愛媛県 久万高原町	65.3	1975(昭和50)	総延長のうち約22kmのみ単独区間
381	高知県須崎市	愛媛県宇和島市	113.6	1975(昭和50)	松野町に狭隘区間が残る
382	長崎県対馬市	佐賀県唐津市	221.7	1975(昭和50)	海上国道、運河の「万関瀬戸」を橋で渡る
383	長崎県平戸市	佐賀県伊万里市	55.6	1975(昭和50)	九州北西端の沖にある平戸島を南北縦断する
384	長崎県五島市	長崎県佐世保市	202.5	1975(昭和50)	海上国道、「日本の道100選」の福江島周遊道路
385	福岡県柳川市	福岡県福岡市	74.4	1975(昭和50)	九州最後の国道渡船があった
386	大分県日田市	福岡県筑紫野市	51.8	1975(昭和50)	福岡から日田に続く「日田往還」のひとつ
387	大分県宇佐市	熊本県熊本市	139.7	1975(昭和50)	九州北部を南北に縦断
388	大分県佐伯市	熊本県湯前町	226.9	1975(昭和50)	日向灘のリアス式海岸を南下
389	福岡県大牟田市	鹿児島県 阿久根市	190.2	1975(昭和50)	海上国道、海上区間を3区間を持つ
390	沖縄県石垣市	沖縄県那覇市	552.2	1975(昭和50)	海上国道、国道の最西端に位置する
391	北海道釧路市	北海道網走市	152.7	1982(昭和57)	釧路市～弟子屈町間は通称「摩周国道」
392	北海道釧路市	北海道本別町	53.0	1982(昭和57)	単独区間は白糠町内のみ
393	北海道小樽市	北海道倶知安町	58.3	1982(昭和57)	2000年代までダートも残っていた
394	青森県むつ市	青森県弘前市	178.3	1982(昭和57)	青森市城ヶ倉では紅葉の眺めが素晴らしい
395	岩手県久慈市	岩手県二戸市	58.0	1982(昭和57)	久慈市内の一部は45号の旧道
396	岩手県遠野市	岩手県盛岡市	58.2	1982(昭和57)	別名「旧釜石街道」
397	岩手県大船渡市	秋田県横手市	135.8	1982(昭和57)	大船渡港と内陸部をつなぐ物流路線でもある
398	宮城県石巻市	秋田県 由利本荘市	275.8	1982(昭和57)	女川付近は24時間連続雨量120ミリで通行止
399	福島県いわき市	山形県南陽市	185.5	1982(昭和57)	東北南部を代表する「酷道」
400	茨城県水戸市	福島県西会津町	225.9	1982(昭和57)	栃木県議の「キリ番がいいだろう!」発言で誕生
401	福島県 会津若松市	群馬県沼田市	190.9	1982(昭和57)	点線国道
402	新潟県柏崎市	新潟県新潟市	108.5	1982(昭和57)	風光明媚な海沿いを走る観光ルート
403	新潟県新潟市	長野県松本市	331.8	1982(昭和57)	日本三大車窓の「姨捨駅」付近を通過
404	新潟県長岡市	新潟県上越市	99.8	1982(昭和57)	総延長の7割が重複区間
405	群馬県中之条町	新潟県上越市	124.7	1982(昭和57)	旧六合村付近は不通区間
406	長野県大町市	群馬県高崎市	197.9	1982(昭和57)	「日本ロマンチック街道」の一部
407	栃木県足利市	埼玉県入間市	60.7	1982(昭和57)	栃木県内の国道としては最も短い
408	千葉県成田市	栃木県高根沢町	104.1	1982(昭和57)	茨城県道14号は議員の反対で408号から除外
409	神奈川県川崎市	千葉県成田市	125.8	1982(昭和57)	海上国道、日本一低いところにある
410	千葉県館山市	千葉県木更津市	132.8	1982(昭和57)	房総半島の背骨ともいわれる

番号	起点	終点	総延長	制定年	備考
411	東京都八王子市	山梨県甲府市	120.1	1982 (昭和57)	奥多摩駅を過ぎると道幅が狭く、勾配がきつい
412	神奈川県平塚市	神奈川県 相模原市	46.5	1982 (昭和57)	起点から厚木市まで129号と重複
413	山梨県 富士吉田市	神奈川県 相模原市	63.2	1982 (昭和57)	相模原市の山間部に狭隘区間が
414	静岡県下田市	静岡県沼津市	79.1	1982 (昭和57)	天城峠にかかるループ橋は有名
415	石川県羽咋市	富山県富山市	67.1	1982 (昭和57)	富山湾沿いの港付近を通過する
416	福井県福井市	石川県小松市	87.5	1982 (昭和57)	福井県勝山市～石川県小松市間に通行不能区間
417	岐阜県大垣市	福井県南越前町	151.0	1982 (昭和57)	点線国道
418	福井県大野市	長野県飯田市	267.0	1982 (昭和57)	新旅足橋は水面まで200mある高所の橋
419	岐阜県瑞浪市	愛知県高浜市	79.1	1982 (昭和57)	「刈谷街道」「豊田南北線」といった別名がある
420	愛知県豊田市	愛知県新城市	66.1	1982 (昭和57)	段戸バイパス開通で旧トンネルが埋め立てられた
421	三重県桑名市	滋賀県 近江八幡市	72.6	1982 (昭和57)	かつては「近畿二大峠酷道」として知られる
422	滋賀県大津市	三重県紀北町	177.3	1982 (昭和57)	三重県内に通行不能区間が2カ所
423	大阪府大阪市	京都府亀岡市	50.6	1982 (昭和57)	新御堂筋は日本有数の交通量
424	和歌山県田辺市	和歌山県 紀の川市	123.1	1982 (昭和57)	全線が内陸部の山間地を通過
425	三重県尾鷲市	和歌山県御坊市	193.5	1982 (昭和57)	山間部では道幅が狭く、ガードレールもない
426	兵庫県豊岡市	京都府福知山市	41.2	1982 (昭和57)	豊岡～福知山間を結ぶ最短ルート
427	兵庫県明石市	兵庫県朝来市	59.3	1982 (昭和57)	別名「丹波の森街道」
428	兵庫県神戸市	兵庫県三木市	34.7	1982 (昭和57)	終点が高速自動車国道のインターチェンジ
429	岡山県倉敷市	京都府福知山市	247.9	1982 (昭和57)	「大型車通行困難」の看板が見られる
430	岡山県倉敷市	岡山県玉野市	39.8	1982 (昭和57)	児島地域以東は瀬戸内海の観光ルート色が強い
431	島根県出雲市	鳥取県米子市	96.9	1982 (昭和57)	出雲市大社町内は入り組んでいたためルート変更
432	広島県竹原市	島根県松江市	211.8	1982 (昭和57)	瀬戸内海と日本海をつなぐ国道のひとつ
433	広島県大竹市	広島県三次市	124.7	1982 (昭和57)	道幅が狭く、すれ違い困難な区間がある
434	山口県周南市	広島県三次市	170.6	1982 (昭和57)	未整備区間もあるが、全区間で普通車通行可能
435	山口県山口市	山口県下関市	72.3	1982 (昭和57)	山口県の西部を横断する数少ない路線のひとつ
436	兵庫県姫路市	香川県高松市	96.6	1982 (昭和57)	海上国道、陸上区間のほとんどが小豆島
437	愛媛県松山市	山口県岩国市	87.5	1982 (昭和57)	海上国道、愛媛県松山港～山口県伊保田港
438	徳島県徳島市	香川県坂出市	172.0	1982 (昭和57)	峠では狭隘な区間がある
439	徳島県徳島市	高知県四万十市	346.5	1982 (昭和57)	「ヨサク」と呼ばれる有名な「酷道」
440	愛媛県松山市	高知県檮原町	81.1	1982 (昭和57)	四国カルストを縦断し、四国山地を一望できる
441	愛媛県大洲市	高知県四万十市	114.7	1982 (昭和57)	狭隘路で、カーブが連続する
442	大分県大分市	福岡県大川市	174.1	1982 (昭和57)	ドライブコースとして人気
443	福岡県大川市	熊本県氷川町	133.4	1982 (昭和57)	熊本県の山沿いの一部にすれ違い困難な区間

番号	起点	終点	総延長	制定年	備考
444	長崎県大村市	佐賀県佐賀市	72.4	1982（昭和57）	バイパスの設置が計画中
445	熊本県熊本市	熊本県人吉市	146.5	1982（昭和57）	狭隘路ですれ違い困難な区間がある
446	宮崎県日向市	熊本県湯前町	52.5	1982（昭和57）	大部分が388号、327号との重複区間
447	宮崎県えびの市	鹿児島県出水市	60.2	1982（昭和57）	山間部に1～1.5車線の急カーブ区間
448	鹿児島県指宿市	宮崎県宮崎市	249.7	1982（昭和57）	海上国道、海上区間は269号と重複
449	沖縄県本部町	沖縄県名護市	25.4	1982（昭和57）	本部半島沿岸部を走る
450	北海道旭川市	北海道紋別市	136.3	1993（平成5）	旭川紋別自動車道
451	北海道留萌市	北海道滝川市	119.2	1993（平成5）	2002年に滝新バイパスが開通
452	北海道夕張市	北海道旭川市	124.9	1993（平成5）	通称「夕張国道」
453	北海道札幌市	北海道伊達市	123.8	1993（平成5）	千歳市の一部区間は支笏湖畔有料道路だった
454	青森県八戸市	青森県大鰐町	102.1	1993（平成5）	起終点は青森県だが、いったん秋田県に入る
455	岩手県盛岡市	岩手県岩泉町	97.5	1993（平成5）	起点付近でいったん途切れる区間あり
456	岩手県盛岡市	宮城県気仙沼市	150.0	1993（平成5）	バイパスの関口工区は幅員狭小、急カーブ区間
457	岩手県一関市	宮城県白石市	184.7	1993（平成5）	地方道を統合したため複雑なルート
458	山形県新庄市	山形県上山市	112.3	1993（平成5）	日本で唯一の未舗装区間を残す
459	新潟県新潟市	福島県浪江町	214.7	1993（平成5）	未整備区間を数多く残す
460	新潟県新発田市	新潟県柏崎市	148.3	1993（平成5）	新潟都市圏の外環道として機能
461	栃木県日光市	茨城県高萩市	143.9	1993（平成5）	栃木県那珂川町、茨城県常陸太田市に狭隘区間
462	長野県佐久市	群馬県伊勢崎市	113.6	1993（平成5）	起点以降、462号の標識が上野村までない
463	埼玉県越谷市	埼玉県入間市	63.9	1993（平成5）	埼玉県内で完結する唯一の国道
464	千葉県松戸市	千葉県成田市	47.5	1993（平成5）	市川市の区間では「大町梨街道」の呼び名もある
465	千葉県茂原市	千葉県富津市	123.8	1993（平成5）	房総半島を横断するルート
466	東京都世田谷区	神奈川県横浜市	18.6	1993（平成5）	環八通りと第三京浜道路
467	神奈川県大和市	神奈川県藤沢市	21.8	1993（平成5）	「藤沢町田線」などの呼び名がある
468	神奈川県横浜市	千葉県木更津市	410.9	1993（平成5）	海老名南JCT～海老名IC間は第一東海自動車道
469	静岡県御殿場市	山梨県南部町	64.2	1993（平成5）	富士南麓道路とも呼ばれる
470	石川県輪島市	富山県砺波市	70.5	1993（平成5）	能登半島を縦断する能越自動車道でもある
471	石川県羽咋市	岐阜県高山市	182.4	1993（平成5）	1年の大半は通行できない「開かずの国道」
472	富山県射水市	岐阜県郡上市	187.7	1993（平成5）	楢峠は豪雪地帯で6～11月しか通行できない
473	愛知県蒲郡市	静岡県牧之原市	274.5	1993（平成5）	豊田市から川根本町の区間は山あいの狭隘路
474	長野県飯田市	静岡県浜松市	26.9	1993（平成5）	三遠南信自動車道
475	愛知県豊田市	三重県四日市市	105.1	1993（平成5）	自動車専用の東海環状自動車道として整備
476	福井県大野市	福井県敦賀市	76.5	1993（平成5）	点線国道

番号	起点	終点	総延長	制定年	備考
477	三重県四日市市	大阪府池田市	229.9	1993 (平成5)	一度では曲がり切れない「百井別れ」がある
478	京都府宮津市	京都府久御山町	83.6	1993 (平成5)	ほぼ全線が京都縦貫自動車道
479	大阪府豊中市	大阪府大阪市	28.8	1993 (平成5)	ほとんどの区間が片側2車線の4車線道路
480	大阪府和泉市	和歌山県有田市	141.8	1993 (平成5)	「日本の道100選」の高野山付近を通過
481	大阪府 関西国際空港	大阪府泉佐野市	10.4	1993 (平成5)	港国道、対岸まで国道指定を受けていない
482	京都府宮津市	鳥取県米子市	332.7	1993 (平成5)	点線国道
483	兵庫県豊岡市	兵庫県丹波市	66.5	1993 (平成5)	北近畿豊岡自動車道
484	岡山県備前市	岡山県高梁市	91.6	1993 (平成5)	高梁市近辺の旧道は「酷道」だった
485	島根県 隠岐の島町	島根県松江市	169.2	1993 (平成5)	海上国道、国道区間の9割以上が隠岐諸島
486	岡山県総社市	広島県東広島市	136.2	1993 (平成5)	岡山県区間の路線整備率が低い
487	広島県呉市	広島県広島市	63.5	1993 (平成5)	海上国道、海上区間は4区間と最多
488	島根県益田市	広島県廿日市市	112.9	1993 (平成5)	中国地方を代表する「酷道」
489	山口県周南市	山口県山口市	44.6	1993 (平成5)	総延長の大半が山間部ルート
490	山口県宇部市	山口県萩市	60.9	1993 (平成5)	笹目峠付近は普通車のすれ違いも困難な狭隘路
491	山口県下関市	山口県長門市	53.0	1993 (平成5)	大坊ダム付近は狭隘、急勾配の「酷道」
492	香川県高松市	高知県大豊町	161.1	1993 (平成5)	単独区間は途中の徳島県区間のみ
493	高知県高知市	高知県東洋町	112.6	1993 (平成5)	山間部では未整備の狭隘路が続く
494	愛媛県松山市	高知県須崎市	114.4	1993 (平成5)	山道では未整備の道路が続く
495	福岡県北九州市	福岡県福岡市	69.1	1993 (平成5)	起点付近は臨海部の工業地帯で、大型車両が多い
496	福岡県行橋市	大分県日田市	59.4	1993 (平成5)	峠では夏期には通行止めなどの交通規制が多い
497	福岡県福岡市	佐賀県武雄市	105.1	1993 (平成5)	西九州自動車道
498	佐賀県鹿島市	長崎県佐世保市	59.1	1993 (平成5)	終点付近は佐世保のベッドタウンで渋滞が多発
499	長崎県長崎市	鹿児島県 阿久根市	111.0	1993 (平成5)	海上国道、海上国道として最後の番号
500	大分県別府市	佐賀県鳥栖市	169.7	1993 (平成5)	山間部では狭隘路が続く
501	福岡県大牟田市	熊本県宇土市	53.2	1993 (平成5)	有明海沿いでは満潮時に道路の冠水も
502	大分県臼杵市	大分県竹田市	52.4	1993 (平成5)	土砂崩れで一時、豊後大野市〜竹田市間が不通
503	熊本県高森町	宮崎県日向市	114.4	1993 (平成5)	峠では狭隘路で、未整備の区間が続く
504	鹿児島県鹿屋市	鹿児島県出水市	167.0	1993 (平成5)	北薩横断道路は504号の自動車専用道路
505	沖縄県本部町	沖縄県名護市	22.4	1993 (平成5)	449号と合わせて本部半島を周回
506	沖縄県那覇空港	沖縄県西原町	11.7	1993 (平成5)	那覇空港自動車道
507	沖縄県糸満市	沖縄県那覇市	30.3	1993 (平成5)	国道番号として最後の国道

〈出典〉『道路統計年報2017』より「表26 一般国道の路線別、都道府県別道路現況」
『国道? 酷道!? 日本の道路120万キロ大研究』(実業之日本社、じっぴコンパクト文庫)
『知られざる国道の世界』(宝島社)、「一般国道の路線を指定する政令」(イーガブ)

明治国道一覧（明治18年指定）

1	東京〜横浜	23	東京〜京都〜鳥取
2	東京〜神奈川〜大阪港	24	東京〜佐用〜松江
3	東京〜京都〜神戸港	25	東京〜鳥取〜松江
4	東京〜神戸〜長崎港	26	大阪〜西宮〜広島鎮台
5	東京〜新潟港	27	東京〜防府〜山口
6	東京〜函館港	28	東京〜松江〜山口
7	東京〜軽井沢〜草津〜神戸港	29	東京〜大阪〜和歌山
8	東京〜高崎〜新潟港	30	東京〜明石〜徳島
9	東京〜四日市〜伊勢宗廟	31	東京〜岡山〜松山
10	東京〜熱田〜名古屋鎮台	32	東京〜四国中央〜高知
11	東京〜筑紫野〜熊本鎮台	33	東京〜徳島〜高知
12	東京〜熊谷〜前橋	34	東京〜北九州〜福岡
13	東京〜千葉	35	東京〜北九州〜大分
14	東京〜千住〜水戸	36	東京〜大分〜宮崎
15	東京〜水戸〜岩沼〜仙台	37	東京〜熊本〜鹿児島
16	東京〜甲府	38	東京〜宮崎〜鹿児島
17	東京〜名古屋〜岐阜	39	東京〜福島〜山形
18	東京〜関ケ原〜福井	40	東京〜山形〜秋田
19	東京〜福井〜金沢	41	東京〜秋田〜青森
20	東京〜金沢〜富山	42	東京〜函館〜札幌
21	東京〜上越〜富山	43	東京〜苫小牧〜根室
22	東京〜姫路〜鳥取	44	東京〜鹿児島〜那覇

一部の地名は現在のもの。1〜8号が一等、9〜11号が二等、12〜44号が三等。
その後、大正8年までに45〜61号が追加指定。

大正国道一覧（大正9年指定）

1	東京～神宮	20	東京～姫路～鳥取
2	東京～四日市～鹿児島	21	東京～明石～徳島
3	東京～北九州～大分～鹿児島	22	東京～岡山～高松～徳島
4	東京～札幌	23	東京～高松～善通寺～高知
5	東京～福島～秋田～青森	24	東京～善通寺～松山
6	東京～仙台	25	東京～鳥栖～長崎
7	東京～千葉	26	東京～鹿児島～那覇
8	東京～甲府	27	東京～札幌～旭川
9	東京～前橋	28	東京～青森～室蘭～旭川
10	東京～高崎～長野～秋田	29	東京～宇都宮
11	東京～長野～上越～金沢	30	東京～豊橋
12	東京～名古屋～金沢	31	東京～横浜～横須賀
13	東京～岐阜	32	東京～海田～呉
14	東京～軽井沢～土岐～京都	33	東京～武雄～佐世保
15	東京～京都～奈良	34	東京～福知山～舞鶴
16	東京～大阪～和歌山	35	東京～敦賀～舞鶴
17	東京～小郡～山口	36	東京～横浜～横浜港
18	東京～京都～松江～山口	37	東京～大阪～大阪港
19	東京～岡山～米子～松江	38	東京～神戸～神戸港

一部の地名は現在のもの。起終点のみの公開だった軍事国道26本を除く。
27～35号は軍事施設が終点だった。
その後、昭和27年までに39～41号が追加指定。

参考文献（順不同）

『国道の謎』松波成行（祥伝社新書）
『国道？ 酷道!? 日本の道路120万キロ大研究』平沼義之（実業之日本社、じっぴコンパクト文庫）
『国道者』佐藤健太郎（新潮社）
『酷道をゆく』（イカロス出版）
『酷道をゆく2』（イカロス出版）
『ふしぎな国道』佐藤健太郎（講談社現代新書）
『酷道を走る』鹿取茂雄（彩図社）
『北の無人駅から』渡辺一史（北海道新聞社）
『知られざる国道の世界』佐藤健太郎（宝島社）
『一般国道4号 東埼玉道路（延伸）』（平成27年11月25日、国土交通省 関東地方整備局）

本文編集・執筆
風来堂（高木健太、関景介、今田洋、今田壮）
本文執筆
やまだともこ、根岸真理、青柳智規、小林秀樹
写真提供
小林秀樹、浜市商店連合会、尾瀬の郷 片品村
国道を往く（ウェブサイト）、国道を旅する（ウェブサイト）
各国道の「全ルート」図には国土地理院の「地理院地図（電子国土Ｗｅｂ）」を用いています。

イースト新書Q

Q045

国道《こくどう》の謎《なぞ》
思《おも》わず訪《たず》ねてみたくなる「酷道《こくどう》・珍道《ちんどう》」大全《たいぜん》

風来堂《ふうらいどう》 編

2018年5月20日　初版第1刷発行

巻頭地図作成	浅井美穂子（オフィスアスク）
DTP	松井和彌
編集	畑 祐介
発行人	北畠夏影
発行所	株式会社イースト・プレス 東京都千代田区神田神保町2-4-7 久月神田ビル　〒101-0051 Tel.03-5213-4700　fax.03-5213-4701 http://www.eastpress.co.jp/
ブックデザイン	福田和雄（FUKUDA DESIGN）
印刷所	中央精版印刷株式会社

ISBN978-4-7816-8045-3